사도신경

The Apostles' Creed

전능하사 천지를 만드신 하나님 아버지를 내가 믿사오며,
그 외아들 우리 주 예수 그리스도를 믿사오니,
이는 성령으로 잉태하사 동정녀 마리아에게 나시고,
'본디오 빌라도'에게 고난을 받으사,
십자가에 못박혀 죽으시고,
장사한 지 사흘 만에 죽은 자 가운데서 다시 살아나시며,
하늘에 오르사, 전능하신 하나님 우편에 앉아 계시다가,
저리로서 산 자와 죽은 자를 심판하러 오시리라.
성령을 믿사오며, 거룩한 공회와,
성도가 서로 교통하는 것과,
죄를 사하여 주시는 것과, 몸이 다시 사는 것과,
영원히 사는 것을 믿사옵나이다.
아멘.

손끝에서 피어나는 종이자 인자(人子)이신 그리스도 이야기

마가복음
누가복음

따라쓰기

Hand Copying Scriptures

손끝에서 피어나는 종이자 인자(人子)이신 그리스도 이야기

마가복음 누가복음

따라쓰기

Hand Copying Scriptures

개역개정

시작한 날　　　.　　　.　　　.

마　친　날　　　.　　　.　　　.

따라 쓴 이

요단
JORDAN
PRESS

"인자가 온 것은 섬김을 받으려 함이 아니라 도리어 섬기려 하고
자기 목숨을 많은 사람의 대속물로 주려 함이니라" | 막 10:45 |

"인자가 온 것은 잃어버린 자를 찾아 구원하려 함이니라" | 눅 19:10 |

비아돌로로사(고난의 길)

• 손끝에서 피어나는 종이자 인자(人子)이신 그리스도 이야기 •

마가복음, 누가복음 따라쓰기 표

40일동안 따라쓰기 표

일차	본문	√	일차	본문	√
1	마가복음 1장	□	21	누가복음 5장	□
2	2장	□	22	6장	□
3	3장	□	23	7장	□
4	4장	□	24	8장	□
5	5장	□	25	9장	□
6	6장	□	26	10장	□
7	7장	□	27	11장	□
8	8장	□	28	12장	□
9	9장	□	29	13장	□
10	10장	□	30	14장	□
11	11장	□	31	15장	□
12	12장	□	32	16장	□
13	13장	□	33	17장	□
14	14장	□	34	18장	□
15	15장	□	35	19장	□
16	16장	□	36	20장	□
17	누가복음 1장	□	37	21장	□
18	2장	□	38	22장	□
19	3장	□	39	23장	□
20	4장	□	40	24장	□

활용법 일러두기

1. 마가복음과 누가복음에 대한 이해를 돕기 위해 간단한 해설을 수록하였습니다.
2. 마가복음과 누가복음을 40일동안 따라 쓸 수 있도록 일정표를 제시하였습니다.
3. 성경 책이 없어도 언제 어디서나 따라 쓸 수 있도록 성경 본문을 함께 제공하였습니다.
4. 매일 한 장씩 기도하면서 성경 본문을 따라 쓰시면 마가복음과 누가복음에 대한 확실한 이해와 더 깊이 있는 묵상을 경험하실 수 있습니다.

• 손끝에서 피어나는 종이자 인자(人子)이신 그리스도 이야기 •

한 눈에 이해하는 마가복음, 누가복음 개관

1 마가복음

저자 마가

저작연대 A.D 65~70년 경

기록 장소, 대상 그리고 목적

기록장소는 로마이다. 마가복음은 이방 기독교인들, 특히 로마의 기독교인들을 향해 '하나님의 아들 예수 그리스도의 복음의 시작이라'(1:1)라고 시작하면서 '구원의 복음'이 무엇이며, 성도의 구원이 어떻게 이루어진 것인지를 설명하고 있다.

내용분해

1. 예수님의 공생애 사역준비(1:1~13)
2. 예수님의 갈릴리 사역(1:14~6:29)
3. 예수님의 갈릴리 안팎에서의 사역(6:30~9:29)
4. 예수님의 마지막 갈릴리 사역(9:30~50)
5. 예수님의 유대와 베레아 사역(10:1~52)
6. 예수님의 예루살렘 사역(11:1~15:47)
7. 예수님의 구원사역 완성(16:1~20)

2 누가복음

저자 누가

저작연대 A.D 61년~63년 경

기록 장소, 대상 그리고 목적

가이사랴나 로마에서 기록했을 가능성이 높으며, 일반적으로 모든 이방 기독교인들을 대상으로 할 뿐만 아니라, 특별히 데오빌로를 위하여 기록하였다. 로마의 관리였던 데오빌로와 이방 땅에서 어렵게 신앙생활하고 있던 그리스도인들에게 예수 그리스도의 생애와 사역에 대해 역사적 순서로 정확한 기록을 제공함으로써 올바른 믿음의 기초를 갖게 하기 위해 기록하였다.

내용분해

1. 서문(1:1-4)
2. 예수님의 오심(1:5~2:52)
3. 공생애를 위한 준비(3:1~4:13)
4. 갈릴리 사역(4:14~9:9)
5. 갈릴리 주변 지역으로 물러가심(9:10~50)
6. 유대 지역에서의 활동(9:51~13:21)
7. 베레아 지역에서의 활동(13:22~19:27)
8. 고난과 승리(19:28~24:53)

참고도서

벤웨어, 폴 N. 『모든 이를 위한 신약성경개론』. 서울: 요단출판사, 2008.

가스펠서브. 『라이프성경사전』. 서울: 생명말씀사, 2006.

대한성서공회. 『뱁티스트 성경전서』. 서울: 대한성서공회, 2016.

디르크 반 바뷔렌(Dirck van Baburen),
제자들의 발을 씻기시는 예수님 (1616)

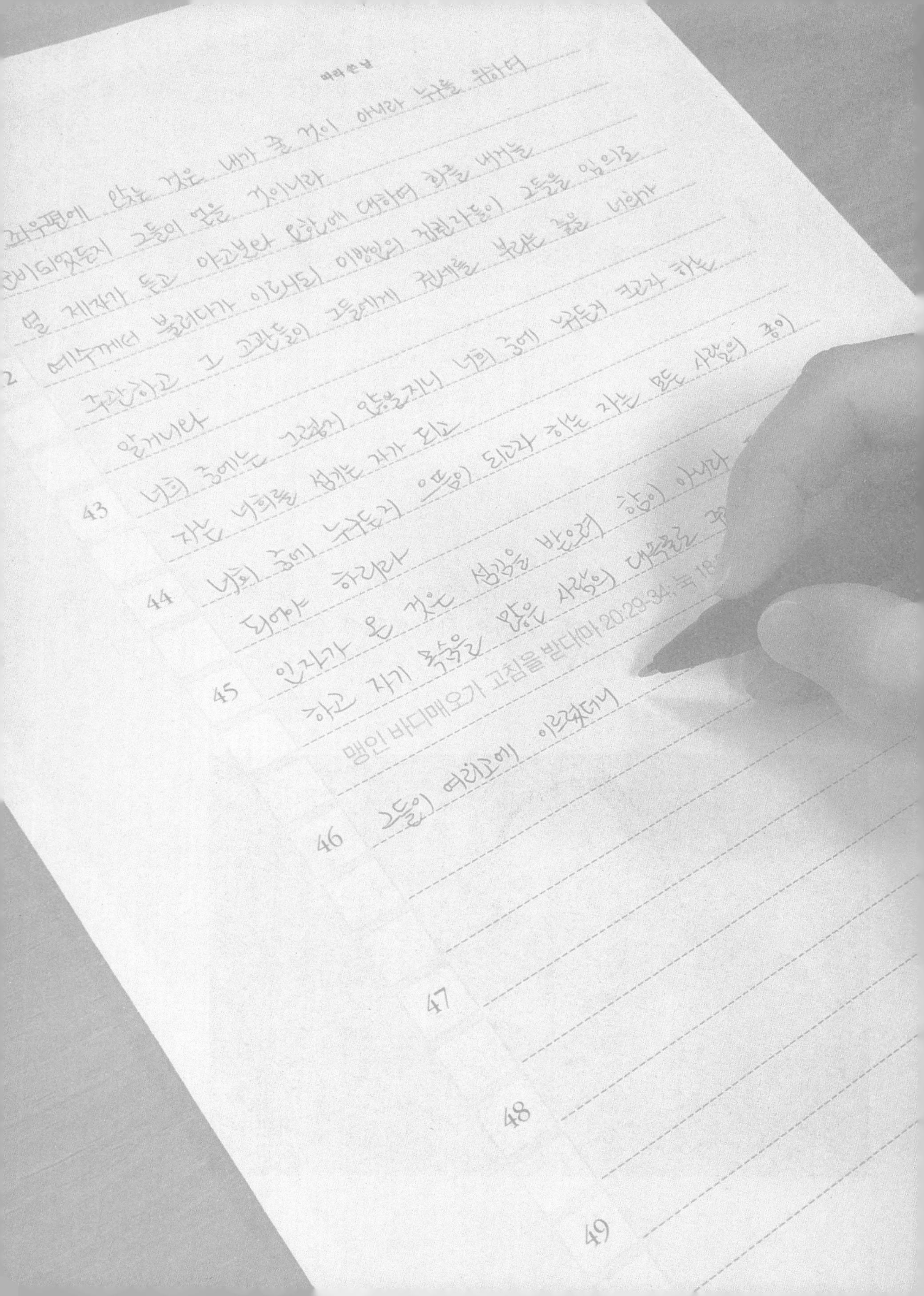
43
44
45
맹인 바디매오가 고침을 받다(마 20:29-34; 눅 18
46
47
48
49

마가복음

1. 예수님의 공생애 사역준비

(1:1~13)

2. 예수님의 갈릴리 사역

(1:14~6:29)

3. 예수님의 갈릴리 안팎에서의 사역

(6:30~9:29)

4. 예수님의 마지막 갈릴리 사역

(9:30~50)

5. 예수님의 유대와 베레아 사역

(10:1~52)

6. 예수님의 예루살렘 사역

(11:1~15:47)

7. 예수님의 구원사역 완성

(16:1~20)

손끝에서 피어나는 종이자
인자(人子)이신 그리스도 이야기

마가복음

따라쓰기

마가복음

예수님의 공생애 사역준비

1장 1절–13절

1장

복음을 전파하다(마 3:1-12; 눅 3:1-9, 15-17; 요 1:19-23)

1 하나님의 아들 예수 그리스도의 복음의 시작이라
2 선지자 이사야의 글에 보라 내가 내 사자를 네 앞에 보내노니 그
가 네 길을 준비하리라
3 광야에 외치는 자의 소리가 있어 이르되 너희는 주의 길을 준비하
라 그의 오실 길을 곧게 하라 기록된 것과 같이
4 침(세)례 요한이 광야에 이르러 죄 사함을 받게 하는 회개의 침
(세)례를 전파하니
5 온 유대 지방과 예루살렘 사람이 다 나아가 자기 죄를 자복하고
요단 강에서 그에게 침(세)례를 받더라
6 요한은 낙타털 옷을 입고 허리에 가죽 띠를 띠고 메뚜기와 석청을
먹더라
7 그가 전파하여 이르되 나보다 능력 많으신 이가 내 뒤에 오시나니
나는 굽혀 그의 신발끈을 풀기도 감당하지 못하겠노라
8 나는 너희에게 물로 침(세)례를 베풀었거니와 그는 너희에게 성
령으로 침(세)례를 베푸시리라

침(세)례를 받으시다(마 3:13-17; 눅 3:21-22)

9 그 때에 예수께서 갈릴리 나사렛으로부터 와서 요단 강에서 요한
에게 침(세)례를 받으시고
10 곧 물에서 올라오실새 하늘이 갈라짐과 성령이 비둘기 같이 자기
에게 내려오심을 보시더니

[1장] 복음을 전파하다(마 3:1-12; 눅 3:1-9, 15-17; 요 1:19-23)

1

2

3

4

5

6

7

8

침(세)례를 받으시다(마 3:13-17; 눅 3:21-22)

9

10

마가복음

예수님의 공생애 사역준비

1장 1절–13절

예수님의 갈릴리 사역

1장 14절–6장 29절

1장

11 하늘로부터 소리가 나기를 너는 내 사랑하는 아들이라 내가 너를
기뻐하노라 하시니라

시험을 받으시다(마 4:1-11; 눅 4:1-13)

12 성령이 곧 예수를 광야로 몰아내신지라
13 광야에서 사십 일을 계시면서 사탄에게 시험을 받으시며 들짐승
과 함께 계시니 천사들이 수종들더라

갈릴리에서 복음을 전파하시다(마 4:12-17; 눅 4:14-15)

14 요한이 잡힌 후 예수께서 갈릴리에 오셔서 하나님의 복음을 전파하여
15 이르시되 때가 찼고 하나님의 나라가 가까이 왔으니 회개하고 복
음을 믿으라 하시더라

어부들을 부르시다(마 4:18-22; 눅 5:1-11)

16 갈릴리 해변으로 지나가시다가 시몬과 그 형제 안드레가 바다에
그물 던지는 것을 보시니 그들은 어부라
17 예수께서 이르시되 나를 따라오라 내가 너희로 사람을 낚는 어부
가 되게 하리라 하시니
18 곧 그물을 버려 두고 따르니라
19 조금 더 가시다가 세베대의 아들 야고보와 그 형제 요한을 보시니
그들도 배에 있어 그물을 깁는데
20 곧 부르시니 그 아버지 세베대를 품꾼들과 함께 배에 버려 두고
예수를 따라가니라

11

시험을 받으시다(마 4:1-11; 눅 4:1-13)

12

13

갈릴리에서 복음을 전파하시다(마 4:12-17; 눅 4:14-15)

14

15

어부들을 부르시다(마 4:18-22; 눅 5:1-11)

16

17

18

19

20

마가복음

예수님의 갈릴리 사역

1장 14절-6장 29절

1장

더러운 귀신 들린 사람을 고치시다(눅 4:31-37)

21 그들이 가버나움에 들어가니라 예수께서 곧 안식일에 회당에 들
어가 가르치시매
22 뭇 사람이 그의 교훈에 놀라니 이는 그가 가르치시는 것이 권위
있는 자와 같고 서기관들과 같지 아니함일러라
23 마침 그들의 회당에 더러운 귀신 들린 사람이 있어 소리 질러 이르되
24 나사렛 예수여 우리가 당신과 무슨 상관이 있나이까 우리를 멸하
러 왔나이까 나는 당신이 누구인 줄 아노니 하나님의 거룩한 자니
이다
25 예수께서 꾸짖어 이르시되 잠잠하고 그 사람에게서 나오라 하시니
26 더러운 귀신이 그 사람에게 경련을 일으키고 큰 소리를 지르며 나
오는지라
27 다 놀라 서로 물어 이르되 이는 어찜이냐 권위 있는 새 교훈이로
다 더러운 귀신들에게 명한즉 순종하는도다 하더라
28 예수의 소문이 곧 온 갈릴리 사방에 퍼지더라

많은 사람을 고치시다(마 8:14-17; 눅 4:38-41)

29 회당에서 나와 곧 야고보와 요한과 함께 시몬과 안드레의 집에 들
어가시니
30 시몬의 장모가 열병으로 누워 있는지라 사람들이 곧 그 여자에 대
하여 예수께 여짜온대
31 나아가사 그 손을 잡아 일으키시니 열병이 떠나고 여자가 그들에
게 수종드니라

더러운 귀신 들린 사람을 고치시다(눅 4:31-37)

21

22

23

24

25

26

27

28

많은 사람을 고치시다(마 8:14-17; 눅 4:38-41)

29

30

31

예수님의 갈릴리 사역

1장 14절-6장 29절

1장

32 저물어 해 질 때에 모든 병자와 귀신 들린 자를 예수께 데려오니
33 온 동네가 그 문 앞에 모였더라
34 예수께서 각종 병이 든 많은 사람을 고치시며 많은 귀신을 내쫓
으시되 귀신이 자기를 알므로 그 말하는 것을 허락하지 아니하시
니라

전도 여행을 떠나시다(눅 4:42-44)

35 새벽 아직도 밝기 전에 예수께서 일어나 나가 한적한 곳으로 가사
거기서 기도하시더니
36 시몬과 및 그와 함께 있는 자들이 예수의 뒤를 따라가
37 만나서 이르되 모든 사람이 주를 찾나이다
38 이르시되 우리가 다른 가까운 마을들로 가자 거기서도 전도하리
니 내가 이를 위하여 왔노라 하시고
39 이에 온 갈릴리에 다니시며 그들의 여러 회당에서 전도하시고 또
귀신들을 내쫓으시더라

나병환자를 깨끗하게 하시다(마 8:1-4; 눅 5:12-16)

40 한 나병환자가 예수께 와서 꿇어 엎드려 간구하여 이르되 원하시
면 저를 깨끗하게 하실 수 있나이다
41 예수께서 불쌍히 여기사 손을 내밀어 그에게 대시며 이르시되 내
가 원하노니 깨끗함을 받으라 하시니
42 곧 나병이 그 사람에게서 떠나가고 깨끗하여진지라
43 곧 보내시며 엄히 경고하사

32

33

34

전도 여행을 떠나시다(눅 4:42-44)

35

36

37

38

39

나병환자를 깨끗하게 하시다(마 8:1-4; 눅 5:12-16)

40

41

42

43

예수님의 갈릴리 사역

1장 14절-6장 29절

1장

44 이르시되 삼가 아무에게 아무 말도 하지 말고 가서 네 몸을 제사
장에게 보이고 네가 깨끗하게 되었으니 모세가 명한 것을 드려 그
들에게 입증하라 하셨더라
45 그러나 그 사람이 나가서 이 일을 많이 전파하여 널리 퍼지게 하
니 그러므로 예수께서 다시는 드러나게 동네에 들어가지 못하시
고 오직 바깥 한적한 곳에 계셨으나 사방에서 사람들이 그에게로
나아오더라

2장

중풍병자를 고치시다(마 9:1-8; 눅 5:17-26)

1 수 일 후에 예수께서 다시 가버나움에 들어가시니 집에 계시다는
소문이 들린지라
2 많은 사람이 모여서 문 앞까지도 들어설 자리가 없게 되었는데 예
수께서 그들에게 도를 말씀하시더니
3 사람들이 한 중풍병자를 네 사람에게 메워 가지고 예수께로 올새
4 무리들 때문에 예수께 데려갈 수 없으므로 그 계신 곳의 지붕을
뜯어 구멍을 내고 중풍병자가 누운 상을 달아 내리니
5 예수께서 그들의 믿음을 보시고 중풍병자에게 이르시되 작은 자
야 네 죄 사함을 받았느니라 하시니
6 어떤 서기관들이 거기 앉아서 마음에 생각하기를
7 이 사람이 어찌 이렇게 말하는가 신성모독이로다 오직 하나님 한
분 외에는 누가 능히 죄를 사하겠느냐
8 그들이 속으로 이렇게 생각하는 줄을 예수께서 곧 중심에 아시고
이르시되 어찌하여 이것을 마음에 생각하느냐

44

45

[2장] 중풍병자를 고치시다(마 9:1-8; 눅 5:17-26)

1

2

3

4

5

6

7

8

2장

9 중풍병자에게 네 죄 사함을 받았느니라 하는 말과 일어나 네 상을
가지고 걸어가라 하는 말 중에서 어느 것이 쉽겠느냐
10 그러나 인자가 땅에서 죄를 사하는 권세가 있는 줄을 너희로 알게
하려 하노라 하시고 중풍병자에게 말씀하시되
11 내가 네게 이르노니 일어나 네 상을 가지고 집으로 가라 하시니
12 그가 일어나 곧 상을 가지고 모든 사람 앞에서 나가거늘 그들이
다 놀라 하나님께 영광을 돌리며 이르되 우리가 이런 일을 도무지
보지 못하였다 하더라

레위를 부르시다(마 9:9-13; 눅 5:27-32)

13 예수께서 다시 바닷가에 나가시매 큰 무리가 나왔거늘 예수께서
그들을 가르치시니라
14 또 지나가시다가 알패오의 아들 레위가 세관에 앉아 있는 것을 보
시고 그에게 이르시되 나를 따르라 하시니 일어나 따르니라
15 그의 집에 앉아 잡수실 때에 많은 세리와 죄인들이 예수와 그의
제자들과 함께 앉았으니 이는 그러한 사람들이 많이 있어서 예수
를 따름이러라
16 바리새인의 서기관들이 예수께서 죄인 및 세리들과 함께 잡수시
는 것을 보고 그의 제자들에게 이르되 어찌하여 세리 및 죄인들과
함께 먹는가
17 예수께서 들으시고 그들에게 이르시되 건강한 자에게는 의사가
쓸 데 없고 병든 자에게라야 쓸 데 있느니라 나는 의인을 부르러
온 것이 아니요 죄인을 부르러 왔노라 하시니라

9

10

11

12

레위를 부르시다(마 9:9-13; 눅 5:27-32)

13

14

15

16

17

예수님의 갈릴리 사역

1장 14절–6장 29절

2장

금식 논쟁(마 9:14-17; 눅 5:33-39)

18 요한의 제자들과 바리새인들이 금식하고 있는지라 사람들이 예
수께 와서 말하되 요한의 제자들과 바리새인의 제자들은 금식하
는데 어찌하여 당신의 제자들은 금식하지 아니하나이까
19 예수께서 그들에게 이르시되 혼인 집 손님들이 신랑과 함께 있을 때
에 금식할 수 있느냐 신랑과 함께 있을 동안에는 금식할 수 없느니라
20 그러나 신랑을 빼앗길 날이 이르리니 그 날에는 금식할 것이니라
21 생베 조각을 낡은 옷에 붙이는 자가 없나니 만일 그렇게 하면 기
운 새 것이 낡은 그것을 당기어 해어짐이 더하게 되느니라
22 새 포도주를 낡은 가죽 부대에 넣는 자가 없나니 만일 그렇게 하
면 새 포도주가 부대를 터뜨려 포도주와 부대를 버리게 되리라 오
직 새 포도주는 새 부대에 넣느니라 하시니라

안식일에 밀 이삭을 자르다(마 12:1-8; 눅 6:1-5)

23 안식일에 예수께서 밀밭 사이로 지나가실새 그의 제자들이 길을
열며 이삭을 자르니
24 바리새인들이 예수께 말하되 보시오 저들이 어찌하여 안식일에
하지 못할 일을 하나이까
25 예수께서 이르시되 다윗이 자기와 및 함께 한 자들이 먹을 것이
없어 시장할 때에 한 일을 읽지 못하였느냐
26 그가 아비아달 대제사장 때에 하나님의 전에 들어가서 제사장 외
에는 먹어서는 안 되는 진설병을 먹고 함께 한 자들에게도 주지
아니하였느냐

금식 논쟁(마 9:14-17; 눅 5:33-39)

18

19

20

21

22

안식일에 밀 이삭을 자르다(마 12:1-8; 눅 6:1-5)

23

24

25

26

예수님의 갈릴리 사역

1장 14절-6장 29절

2장

27 또 이르시되 안식일이 사람을 위하여 있는 것이요 사람이 안식일
을 위하여 있는 것이 아니니
28 이러므로 인자는 안식일에도 주인이니라

3장

안식일에 손 마른 사람을 고치시다(마 12:9-14; 눅 6:6-11)

1 예수께서 다시 회당에 들어가시니 한쪽 손 마른 사람이 거기 있는
지라
2 사람들이 예수를 고발하려 하여 안식일에 그 사람을 고치시는가
주시하고 있거늘
3 예수께서 손 마른 사람에게 이르시되 한 가운데에 일어서라 하시고
4 그들에게 이르시되 안식일에 선을 행하는 것과 악을 행하는 것,
생명을 구하는 것과 죽이는 것, 어느 것이 옳으냐 하시니 그들이
잠잠하거늘
5 그들의 마음이 완악함을 탄식하사 노하심으로 그들을 둘러 보시
고 그 사람에게 이르시되 네 손을 내밀라 하시니 내밀매 그 손이
회복되었더라
6 바리새인들이 나가서 곧 헤롯당과 함께 어떻게 하여 예수를 죽일
까 의논하니라

많은 무리가 나아오다

7 예수께서 제자들과 함께 바다로 물러가시니 갈릴리에서 큰 무리
가 따르며

27

28

[3장] 안식일에 손 마른 사람을 고치시다(마 12:9-14; 눅 6:6-11)

1

2

3

4

5

6

많은 무리가 나아오다

7

예수님의 갈릴리 사역

1장 14절-6장 29절

3장

8 유대와 예루살렘과 이두매와 요단 강 건너편과 또 두로와 시돈 근
처에서 많은 무리가 그가 하신 큰 일을 듣고 나아오는지라
9 예수께서 무리가 에워싸 미는 것을 피하기 위하여 작은 배를 대기
하도록 제자들에게 명하셨으니
10 이는 많은 사람을 고치셨으므로 병으로 고생하는 자들이 예수를
만지고자 하여 몰려왔음이더라
11 더러운 귀신들도 어느 때든지 예수를 보면 그 앞에 엎드려 부르짖
어 이르되 당신은 하나님의 아들이니이다 하니
12 예수께서 자기를 나타내지 말라고 많이 경고하시니라

열두 제자를 세우시다(마 10:1-4; 눅 6:12-16)

13 또 산에 오르사 자기가 원하는 자들을 부르시니 나아온지라
14 이에 열둘을 세우셨으니 이는 자기와 함께 있게 하시고 또 보내사
전도도 하며
15 귀신을 내쫓는 권능도 가지게 하려 하심이러라
16 이 열둘을 세우셨으니 시몬에게는 베드로란 이름을 더하셨고
17 또 세베대의 아들 야고보와 야고보의 형제 요한이니 이 둘에게는
보아너게 곧 우레의 아들이란 이름을 더하셨으며
18 또 안드레와 빌립과 바돌로매와 마태와 도마와 알패오의 아들
야고보와 및 다대오와 가나나인 시몬이며
19 또 가룟 유다니 이는 예수를 판 자더라

8

9

10

11

12

열두 제자를 세우시다(마 10:1-4; 눅 6:12-16)

13

14

15

16

17

18

19

예수님의 갈릴리 사역

1장 14절–6장 29절

3장

예수와 바알세불(마 12:22-32; 눅 11:14-23; 12:10)

20 집에 들어가시니 무리가 다시 모이므로 식사할 겨를도 없는지라
21 예수의 친족들이 듣고 그를 붙들러 나오니 이는 그가 미쳤다 함일
러라
22 예루살렘에서 내려온 서기관들은 그가 바알세불이 지폈다 하며
또 귀신의 왕을 힘입어 귀신을 쫓아낸다 하니
23 예수께서 그들을 불러다가 비유로 말씀하시되 사탄이 어찌 사탄
을 쫓아낼 수 있느냐
24 또 만일 나라가 스스로 분쟁하면 그 나라가 설 수 없고
25 만일 집이 스스로 분쟁하면 그 집이 설 수 없고
26 만일 사탄이 자기를 거슬러 일어나 분쟁하면 설 수 없고 망하느니라
27 사람이 먼저 강한 자를 결박하지 않고는 그 강한 자의 집에 들
어가 세간을 강탈하지 못하리니 결박한 후에야 그 집을 강탈하
리라
28 내가 진실로 너희에게 이르노니 사람의 모든 죄와 모든 모독하는
일은 사하심을 얻되
29 누구든지 성령을 모독하는 자는 영원히 사하심을 얻지 못하고 영
원한 죄가 되느니라 하시니
30 이는 그들이 말하기를 더러운 귀신이 들렸다 함이러라

예수의 어머니와 형제 자매(마 12:46-50; 눅 8:19-21)

31 그 때에 예수의 어머니와 동생들이 와서 밖에 서서 사람을 보내어
예수를 부르니

예수와 바알세불(마 12:22-32; 눅 11:14-23; 12:10)

20

21

22

23

24

25

26

27

28

29

30

예수의 어머니와 형제 자매(마 12:46-50; 눅 8:19-21)

31

예수님의 갈릴리 사역

1장 14절–6장 29절

3장

32 무리가 예수를 둘러 앉았다가 여짜오되 보소서 당신의 어머니와
동생들과 누이들이 밖에서 찾나이다
33 대답하시되 누가 내 어머니이며 동생들이냐 하시고
34 둘러 앉은 자들을 보시며 이르시되 내 어머니와 내 동생들을 보라
35 누구든지 하나님의 뜻대로 행하는 자가 내 형제요 자매요 어머니
이니라

4장

네 가지 땅에 떨어진 씨 비유(마 13:1-9; 눅 8:4-8)

1 예수께서 다시 바닷가에서 가르치시니 큰 무리가 모여들거늘 예
수께서 바다에 떠 있는 배에 올라 앉으시고 온 무리는 바닷가 육
지에 있더라
2 이에 예수께서 여러 가지를 비유로 가르치시니 그 가르치시는 중
에 그들에게 이르시되
3 들으라 씨를 뿌리는 자가 뿌리러 나가서
4 뿌릴새 더러는 길 가에 떨어지매 새들이 와서 먹어 버렸고
5 더러는 흙이 얕은 돌밭에 떨어지매 흙이 깊지 아니하므로 곧 싹이
나오나
6 해가 돋은 후에 타서 뿌리가 없으므로 말랐고
7 더러는 가시떨기에 떨어지매 가시가 자라 기운을 막으므로 결실
하지 못하였고
8 더러는 좋은 땅에 떨어지매 자라 무성하여 결실하였으니 삼십 배
나 육십 배나 백 배가 되었느니라 하시고
9 또 이르시되 들을 귀 있는 자는 들으라 하시니라

32

33

34

35

[4장] 네 가지 땅에 떨어진 씨 비유(마 13:1-9; 눅 8:4-8)

1

2

3

4

5

6

7

8

9

예수님의 갈릴리 사역

1장 14절-6장 29절

4장

비유를 설명하시다(마 13:10-23; 눅 8:9-15)

10 예수께서 홀로 계실 때에 함께 한 사람들이 열두 제자와 더불어 그 비유들에 대하여 물으니

11 이르시되 하나님 나라의 비밀을 너희에게는 주었으나 외인에게는 모든 것을 비유로 하나니

12 이는 그들로 보기는 보아도 알지 못하며 듣기는 들어도 깨닫지 못하게 하여 돌이켜 죄 사함을 얻지 못하게 하려 함이라 하시고

13 또 이르시되 너희가 이 비유를 알지 못할진대 어떻게 모든 비유를 알겠느냐

14 뿌리는 자는 말씀을 뿌리는 것이라

15 말씀이 길 가에 뿌려졌다는 것은 이들을 가리킴이니 곧 말씀을 들었을 때에 사탄이 즉시 와서 그들에게 뿌려진 말씀을 빼앗는 것이요

16 또 이와 같이 돌밭에 뿌려졌다는 것은 이들을 가리킴이니 곧 말씀을 들을 때에 즉시 기쁨으로 받으나

17 그 속에 뿌리가 없어 잠깐 견디다가 말씀으로 인하여 환난이나 박해가 일어나는 때에는 곧 넘어지는 자요

18 또 어떤 이는 가시떨기에 뿌려진 자니 이들은 말씀을 듣기는 하되

19 세상의 염려와 재물의 유혹과 기타 욕심이 들어와 말씀을 막아 결실하지 못하게 되는 자요

20 좋은 땅에 뿌려졌다는 것은 곧 말씀을 듣고 받아 삼십 배나 육십 배나 백 배의 결실을 하는 자니라

비유를 설명하시다(마 13:10-23; 눅 8:9-15)

10

11

12

13

14

15

16

17

18

19

20

예수님의 갈릴리 사역

1장 14절-6장 29절

4장

등불은 등경 위에(눅 8:16-18)

21 또 그들에게 이르시되 사람이 등불을 가져오는 것은 말 아래에나
평상 아래에 두려 함이냐 등경 위에 두려 함이 아니냐
22 드러내려 하지 않고는 숨긴 것이 없고 나타내려 하지 않고는 감추
인 것이 없느니라
23 들을 귀 있는 자는 들으라
24 또 이르시되 너희가 무엇을 듣는가 스스로 삼가라 너희의 헤아리
는 그 헤아림으로 너희가 헤아림을 받을 것이며 더 받으리니
25 있는 자는 받을 것이요 없는 자는 그 있는 것까지도 빼앗기리라

자라나는 씨 비유(마 13:31-32; 눅 13:18-19)

26 또 이르시되 하나님의 나라는 사람이 씨를 땅에 뿌림과 같으니
27 그가 밤낮 자고 깨고 하는 중에 씨가 나서 자라되 어떻게 그리 되
는지를 알지 못하느니라
28 땅이 스스로 열매를 맺되 처음에는 싹이요 다음에는 이삭이요 그
다음에는 이삭에 충실한 곡식이라
29 열매가 익으면 곧 낫을 대나니 이는 추수 때가 이르렀음이라

겨자씨 비유(마 13:31-32; 눅 13:18-19)

30 또 이르시되 우리가 하나님의 나라를 어떻게 비교하며 또 무슨 비
유로 나타낼까
31 겨자씨 한 알과 같으니 땅에 심길 때에는 땅 위의 모든 씨보다 작
은 것이로되

등불은 등경 위에(눅 8:16-18)

21

22

23

24

25

자라나는 씨 비유(마 13:31-32; 눅 13:18-19)

26

27

28

29

겨자씨 비유(마 13:31-32; 눅 13:18-19)

30

31

예수님의 갈릴리 사역

1장 14절-6장 29절

4장

32 심긴 후에는 자라서 모든 풀보다 커지며 큰 가지를 내나니 공중의
새들이 그 그늘에 깃들일 만큼 되느니라

비유로 가르치시다(마 13:34-35)

33 예수께서 이러한 많은 비유로 그들이 알아 들을 수 있는 대로 말
씀을 가르치시되
34 비유가 아니면 말씀하지 아니하시고 다만 혼자 계실 때에 그 제자
들에게 모든 것을 해석하시더라

바람과 바다를 잔잔하게 하시다(마 8:23-27; 눅 8:22-25)

35 그 날 저물 때에 제자들에게 이르시되 우리가 저편으로 건너가자
하시니
36 그들이 무리를 떠나 예수를 배에 계신 그대로 모시고 가매 다른
배들도 함께 하더니
37 큰 광풍이 일어나며 물결이 배에 부딪쳐 들어와 배에 가득하게 되
었더라
38 예수께서는 고물에서 베개를 베고 주무시더니 제자들이 깨우며
이르되 선생님이여 우리가 죽게 된 것을 돌보지 아니하시나이까
하니
39 예수께서 깨어 바람을 꾸짖으시며 바다더러 이르시되 잠잠하라
고요하라 하시니 바람이 그치고 아주 잔잔하여지더라
40 이에 제자들에게 이르시되 어찌하여 이렇게 무서워하느냐 너희
가 어찌 믿음이 없느냐 하시니

32

비유로 가르치시다(마 13:34-35)

33

34

바람과 바다를 잔잔하게 하시다(마 8:23-27; 눅 8:22-25)

35

36

37

38

39

40

4장

41 그들이 심히 두려워하여 서로 말하되 그가 누구이기에 바람과 바
다도 순종하는가 하였더라

5장

귀신 들린 사람을 고치시다(마 8:28-34; 눅 8:26-39)

1 예수께서 바다 건너편 거라사인의 지방에 이르러
2 배에서 나오시매 곧 더러운 귀신 들린 사람이 무덤 사이에서 나와
예수를 만나니라
3 그 사람은 무덤 사이에 거처하는데 이제는 아무도 그를 쇠사슬로
도 맬 수 없게 되었으니
4 이는 여러 번 고랑과 쇠사슬에 매였어도 쇠사슬을 끊고 고랑을 깨
뜨렸음이러라 그리하여 아무도 그를 제어할 힘이 없는지라
5 밤낮 무덤 사이에서나 산에서나 늘 소리 지르며 돌로 자기의 몸을
해치고 있었더라
6 그가 멀리서 예수를 보고 달려와 절하며
7 큰 소리로 부르짖어 이르되 지극히 높으신 하나님의 아들 예수여
나와 당신이 무슨 상관이 있나이까 원하건대 하나님 앞에 맹세하
고 나를 괴롭히지 마옵소서 하니
8 이는 예수께서 이미 그에게 이르시기를 더러운 귀신아 그 사람에
게서 나오라 하셨음이라
9 이에 물으시되 네 이름이 무엇이냐 이르되 내 이름은 군대니 우리
가 많음이니이다 하고
10 자기를 그 지방에서 내보내지 마시기를 간구하더니
11 마침 거기 돼지의 큰 떼가 산 곁에서 먹고 있는지라

41

[5장] 귀신 들린 사람을 고치시다(마 8:28-34; 눅 8:26-39)

1

2

3

4

5

6

7

8

9

10

11

5장

12 이에 간구하여 이르되 우리를 돼지에게로 보내어 들어가게 하소
서 하니
13 허락하신대 더러운 귀신들이 나와서 돼지에게로 들어가매 거의
이천 마리 되는 떼가 바다를 향하여 비탈로 내리달아 바다에서 몰
사하거늘
14 치던 자들이 도망하여 읍내와 여러 마을에 말하니 사람들이 어떻
게 되었는지를 보러 와서
15 예수께 이르러 그 귀신 들렸던 자 곧 군대 귀신 지폈던 자가 옷을
입고 정신이 온전하여 앉은 것을 보고 두려워하더라
16 이에 귀신 들렸던 자가 당한 것과 돼지의 일을 본 자들이 그들에
게 알리매
17 그들이 예수께 그 지방에서 떠나시기를 간구하더라
18 예수께서 배에 오르실 때에 귀신 들렸던 사람이 함께 있기를 간구
하였으나
19 허락하지 아니하시고 그에게 이르시되 집으로 돌아가 주께서 네
게 어떻게 큰 일을 행하사 너를 불쌍히 여기신 것을 네 가족에게
알리라 하시니
20 그가 가서 예수께서 자기에게 어떻게 큰 일 행하셨는지를 데가볼
리에 전파하니 모든 사람이 놀랍게 여기더라

야이로의 딸과 예수의 옷에 손을 댄 여자(마 9:18-26; 눅 8:40-56)

21 예수께서 배를 타시고 다시 맞은편으로 건너가시니 큰 무리가 그
에게로 모이거늘 이에 바닷가에 계시더니

12

13

14

15

16

17

18

19

20

야이로의 딸과 예수의 옷에 손을 댄 여자(마 9:18-26; 눅 8:40-56)

21

예수님의 갈릴리 사역

1장 14절-6장 29절

5장

22 회당장 중의 하나인 야이로라 하는 이가 와서 예수를 보고 발 아
래 엎드리어
23 간곡히 구하여 이르되 내 어린 딸이 죽게 되었사오니 오서서 그
위에 손을 얹으사 그로 구원을 받아 살게 하소서 하거늘
24 이에 그와 함께 가실새 큰 무리가 따라가며 에워싸 밀더라
25 열두 해를 혈루증으로 앓아 온 한 여자가 있어
26 많은 의사에게 많은 괴로움을 받았고 가진 것도 다 허비하였으되
아무 효험이 없고 도리어 더 중하여졌던 차에
27 예수의 소문을 듣고 무리 가운데 끼어 뒤로 와서 그의 옷에 손을
대니
28 이는 내가 그의 옷에만 손을 대어도 구원을 받으리라 생각함일
러라
29 이에 그의 혈루 근원이 곧 마르매 병이 나은 줄을 몸에 깨달으니라
30 예수께서 그 능력이 자기에게서 나간 줄을 곧 스스로 아시고 무리
가운데서 돌이켜 말씀하시되 누가 내 옷에 손을 대었느냐 하시니
31 제자들이 여짜오되 무리가 에워싸 미는 것을 보시며 누가 내게 손
을 대었느냐 물으시나이까 하되
32 예수께서 이 일 행한 여자를 보려고 둘러 보시니
33 여자가 자기에게 이루어진 일을 알고 두려워하여 떨며 와서 그 앞
에 엎드려 모든 사실을 여쭈니
34 예수께서 이르시되 딸아 네 믿음이 너를 구원하였으니 평안히 가
라 네 병에서 놓여 건강할지어다

막 5:22–34 따라 쓴 날 . .

22

23

24

25

26

27

28

29

30

31

32

33

34

예수님의 갈릴리 사역

1장 14절–6장 29절

5장

35 아직 예수께서 말씀하실 때에 회당장의 집에서 사람들이 와서 회
당장에게 이르되 당신의 딸이 죽었나이다 어찌하여 선생을 더 괴
롭게 하나이까
36 예수께서 그 하는 말을 곁에서 들으시고 회당장에게 이르시되 두
려워하지 말고 믿기만 하라 하시고
37 베드로와 야고보와 야고보의 형제 요한 외에 아무도 따라옴을 허
락하지 아니하시고
38 회당장의 집에 함께 가사 떠드는 것과 사람들이 울며 심히 통곡함
을 보시고
39 들어가서 그들에게 이르시되 너희가 어찌하여 떠들며 우느냐 이
아이가 죽은 것이 아니라 잔다 하시니
40 그들이 비웃더라 예수께서 그들을 다 내보내신 후에 아이의 부모
와 또 자기와 함께 한 자들을 데리시고 아이 있는 곳에 들어가사
41 그 아이의 손을 잡고 이르시되 달리다굼 하시니 번역하면 곧 내가
네게 말하노니 소녀야 일어나라 하심이라
42 소녀가 곧 일어나서 걸으니 나이가 열두 살이라 사람들이 곧 크게
놀라고 놀라거늘
43 예수께서 이 일을 아무도 알지 못하게 하라고 그들을 많이 경계하
시고 이에 소녀에게 먹을 것을 주라 하시니라

6장

고향에서 배척을 받으시다(마 13:53-58; 눅 4:16-30)

1 예수께서 거기를 떠나사 고향으로 가시니 제자들도 따르니라

35

36

37

38

39

40

41

42

43

[6장] 고향에서 배척을 받으시다(마 13:53-58; 눅 4:16-30)

1

예수님의 갈릴리 사역

1장 14절-6장 29절

6장

2 안식일이 되어 회당에서 가르치시니 많은 사람이 듣고 놀라 이르
되 이 사람이 어디서 이런 것을 얻었느냐 이 사람이 받은 지혜와
그 손으로 이루어지는 이런 권능이 어찌됨이냐
3 이 사람이 마리아의 아들 목수가 아니냐 야고보와 요셉과 유다와
시몬의 형제가 아니냐 그 누이들이 우리와 함께 여기 있지 아니하
냐 하고 예수를 배척한지라
4 예수께서 그들에게 이르시되 선지자가 자기 고향과 자기 친척과
자기 집 외에서는 존경을 받지 못함이 없느니라 하시며
5 거기서는 아무 권능도 행하실 수 없어 다만 소수의 병자에게 안수
하여 고치실 뿐이었고
6 그들이 믿지 않음을 이상히 여기셨더라 이에 모든 촌에 두루 다니
시며 가르치시더라

열두 제자를 부르사 둘씩 보내시다(마 10:1, 5-15; 눅 9:1-6)

7 열두 제자를 부르사 둘씩 둘씩 보내시며 더러운 귀신을 제어하는
권능을 주시고
8 명하시되 여행을 위하여 지팡이 외에는 양식이나 배낭이나 전대
의 돈이나 아무 것도 가지지 말며
9 신만 신고 두 벌 옷도 입지 말라 하시고
10 또 이르시되 어디서든지 누구의 집에 들어가거든 그 곳을 떠나기
까지 거기 유하라

2

3

4

5

6

열두 제자를 부르사 둘씩 보내시다(마 10:1, 5-15; 눅 9:1-6)

7

8

9

10

예수님의 갈릴리 사역

1장 14절-6장 29절

6장

11 어느 곳에서든지 너희를 영접하지 아니하고 너희 말을 듣지도 아
니하거든 거기서 나갈 때에 발 아래 먼지를 떨어버려 그들에게 증
거를 삼으라 하시니
12 제자들이 나가서 회개하라 전파하고
13 많은 귀신을 쫓아내며 많은 병자에게 기름을 발라 고치더라

침(세)례 요한의 죽음(마 14:1-12; 눅 9:7-9)

14 이에 예수의 이름이 드러난지라 헤롯 왕이 듣고 이르되 이는 침
(세)례 요한이 죽은 자 가운데서 살아났도다 그러므로 이런 능력
이 그 속에서 일어나느니라 하고
15 어떤 이는 그가 엘리야라 하고 또 어떤 이는 그가 선지자니 옛 선
지자 중의 하나와 같다 하되
16 헤롯은 듣고 이르되 내가 목 벤 요한 그가 살아났다 하더라
17 전에 헤롯이 자기가 동생 빌립의 아내 헤로디아에게 장가 든
고로 이 여자를 위하여 사람을 보내어 요한을 잡아 옥에 가두
었으니
18 이는 요한이 헤롯에게 말하되 동생의 아내를 취한 것이 옳지 않다
하였음이라
19 헤로디아가 요한을 원수로 여겨 죽이고자 하였으되 하지 못한
것은
20 헤롯이 요한을 의롭고 거룩한 사람으로 알고 두려워하여 보호하
며 또 그의 말을 들을 때에 크게 번민을 하면서도 달갑게 들음이
러라

11

12

13

침(세)례 요한의 죽음(마 14:1-12; 눅 9:7-9)

14

15

16

17

18

19

20

마가복음

예수님의 갈릴리 사역

1장 14절-6장 29절

예수님의 갈릴리 안팎에서의 사역

6장 30절-9장 29절

6장

21 마침 기회가 좋은 날이 왔으니 곧 헤롯이 자기 생일에 대신들과
천부장들과 갈릴리의 귀인들로 더불어 잔치할새
22 헤로디아의 딸이 친히 들어와 춤을 추어 헤롯과 그와 함께 앉은
자들을 기쁘게 한지라 왕이 그 소녀에게 이르되 무엇이든지 네가
원하는 것을 내게 구하라 내가 주리라 하고
23 또 맹세하기를 무엇이든지 네가 내게 구하면 내 나라의 절반까지
라도 주리라 하거늘
24 그가 나가서 그 어머니에게 말하되 내가 무엇을 구하리이까 그 어
머니가 이르되 침(세)례 요한의 머리를 구하라 하니
25 그가 곧 왕에게 급히 들어가 구하여 이르되 침(세)례 요한의 머리
를 소반에 얹어 곧 내게 주기를 원하옵나이다 하니
26 왕이 심히 근심하나 자기가 맹세한 것과 그 앉은 자들로 인하여
그를 거절할 수 없는지라
27 왕이 곧 시위병 하나를 보내어 요한의 머리를 가져오라 명하니 그
사람이 나가 옥에서 요한을 목 베어
28 그 머리를 소반에 얹어다가 소녀에게 주니 소녀가 이것을 그 어머
니에게 주니라
29 요한의 제자들이 듣고 와서 시체를 가져다가 장사하니라

오천 명을 먹이시다(마 14:13-21; 눅 9:10-17; 요 6:1-14)

30 사도들이 예수께 모여 자기들이 행한 것과 가르친 것을 낱낱이 고
하니

21

22

23

24

25

26

27

28

29

오천 명을 먹이시다(마 14:13-21; 눅 9:10-17; 요 6:1-14)

30

마가복음

예수님의 갈릴리 안팎에서의 사역

6장 30절-9장 29절

6장

31 이르시되 너희는 따로 한적한 곳에 가서 잠깐 쉬어라 하시니 이는
오고 가는 사람이 많아 음식 먹을 겨를도 없음이라
32 이에 배를 타고 따로 한적한 곳에 갈새
33 그들이 가는 것을 보고 많은 사람이 그들인 줄 안지라 모든 고을
로부터 도보로 그 곳에 달려와 그들보다 먼저 갔더라
34 예수께서 나오사 큰 무리를 보시고 그 목자 없는 양 같음으로 인
하여 불쌍히 여기사 이에 여러 가지로 가르치시더라
35 때가 저물어가매 제자들이 예수께 나아와 여짜오되 이 곳은 빈 들
이요 날도 저물어가니
36 무리를 보내어 두루 촌과 마을로 가서 무엇을 사 먹게 하옵소서
37 대답하여 이르시되 너희가 먹을 것을 주라 하시니 여짜오되 우리
가 가서 이백 데나리온의 떡을 사다 먹이리이까
38 이르시되 너희에게 떡 몇 개나 있는지 가서 보라 하시니 알아보고
이르되 떡 다섯 개와 물고기 두 마리가 있더이다 하거늘
39 제자들에게 명하사 그 모든 사람으로 떼를 지어 푸른 잔디 위에
앉게 하시니
40 떼로 백 명씩 또는 오십 명씩 앉은지라
41 예수께서 떡 다섯 개와 물고기 두 마리를 가지사 하늘을 우러러
축사하시고 떡을 떼어 제자들에게 주어 사람들에게 나누어 주게
하시고 또 물고기 두 마리도 모든 사람에게 나누시매
42 다 배불리 먹고
43 남은 떡 조각과 물고기를 열두 바구니에 차게 거두었으며

31

32

33

34

35

36

37

38

39

40

41

42

43

예수님의 갈릴리 안팎에서의 사역

6장 30절-9장 29절

6장

44 떡을 먹은 남자는 오천 명이었더라

바다 위로 걸으시다(마 14:22-33; 요 6:15-21)

45 예수께서 즉시 제자들을 재촉하사 자기가 무리를 보내는 동안에
배 타고 앞서 건너편 벳새다로 가게 하시고
46 무리를 작별하신 후에 기도하러 산으로 가시니라
47 저물매 배는 바다 가운데 있고 예수께서는 홀로 뭍에 계시다가
48 바람이 거스르므로 제자들이 힘겹게 노 젓는 것을 보시고 밤 사경
쯤에 바다 위로 걸어서 그들에게 오사 지나가려고 하시매
49 제자들이 그가 바다 위로 걸어 오심을 보고 유령인가 하여 소리
지르니
50 그들이 다 예수를 보고 놀람이라 이에 예수께서 곧 그들에게 말씀
하여 이르시되 안심하라 내니 두려워하지 말라 하시고
51 배에 올라 그들에게 가시니 바람이 그치는지라 제자들이 마음에
심히 놀라니
52 이는 그들이 그 떡 떼시던 일을 깨닫지 못하고 도리어 그 마음이
둔하여졌음이러라

게네사렛에서 병자들을 고치시다(마 14:34-36)

53 건너가 게네사렛 땅에 이르러 대고
54 배에서 내리니 사람들이 곧 예수신 줄을 알고
55 그 온 지방으로 달려 돌아 다니며 예수께서 어디 계시다는 말을
듣는 대로 병든 자를 침상째로 메고 나아오니

44

바다 위로 걸으시다(마 14:22-33; 요 6:15-21)

45

46

47

48

49

50

51

52

게네사렛에서 병자들을 고치시다(마 14:34-36)

53

54

55

마가복음

예수님의 갈릴리 안팎에서의 사역

6장 30절-9장 29절

6장

56 아무 데나 예수께서 들어가시는 지방이나 도시나 마을에서 병자
를 시장에 두고 예수께 그의 옷 가에라도 손을 대게 하시기를 간
구하니 손을 대는 자는 다 성함을 얻으니라

7장

장로들의 전통(마 15:1-20)

1 바리새인들과 또 서기관 중 몇이 예루살렘에서 와서 예수께 모여
들었다가
2 그의 제자 중 몇 사람이 부정한 손 곧 씻지 아니한 손으로 떡 먹는
것을 보았더라
3 (바리새인들과 모든 유대인들은 장로들의 전통을 지키어 손을 잘
씻지 않고서는 음식을 먹지 아니하며
4 또 시장에서 돌아와서도 물을 뿌리지 않고서는 먹지 아니하며 그
외에도 여러 가지를 지키어 오는 것이 있으니 잔과 주발과 놋그릇
을 씻음이러라)
5 이에 바리새인들과 서기관들이 예수께 묻되 어찌하여 당신의 제
자들은 장로들의 전통을 준행하지 아니하고 부정한 손으로 떡을
먹나이까
6 이르시되 이사야가 너희 외식하는 자에 대하여 잘 예언하였도다
기록하였으되 이 백성이 입술로는 나를 공경하되 마음은 내게서
멀도다
7 사람의 계명으로 교훈을 삼아 가르치니 나를 헛되이 경배하는도
다 하였느니라
8 너희가 하나님의 계명은 버리고 사람의 전통을 지키느니라

56

[7장] 장로들의 전통(마 15:1-20)

1

2

3

4

5

6

7

8

예수님의 갈릴리 안팎에서의 사역

6장 30절-9장 29절

7장

9 또 이르시되 너희가 너희 전통을 지키려고 하나님의 계명을 잘 저
버리는도다
10 모세는 네 부모를 공경하라 하고 또 아버지나 어머니를 모욕하는
자는 죽임을 당하리라 하였거늘
11 너희는 이르되 사람이 아버지에게나 어머니에게나 말하기를 내
가 드려 유익하게 할 것이 고르반 곧 하나님께 드림이 되었다고
하기만 하면 그만이라 하고
12 자기 아버지나 어머니에게 다시 아무 것도 하여 드리기를 허락하
지 아니하여
13 너희가 전한 전통으로 하나님의 말씀을 폐하며 또 이같은 일을 많
이 행하느니라 하시고
14 무리를 다시 불러 이르시되 너희는 다 내 말을 듣고 깨달으라
15 무엇이든지 밖에서 사람에게로 들어가는 것은 능히 사람을 더럽
게 하지 못하되
16 사람 안에서 나오는 것이 사람을 더럽게 하는 것이니라 하시고
17 무리를 떠나 집으로 들어가시니 제자들이 그 비유를 묻자온대
18 예수께서 이르시되 너희도 이렇게 깨달음이 없느냐 무엇이든지
밖에서 들어가는 것이 능히 사람을 더럽게 하지 못함을 알지 못하
느냐
19 이는 마음으로 들어가지 아니하고 배로 들어가 뒤로 나감이라
이러므로 모든 음식물을 깨끗하다 하시니라
20 또 이르시되 사람에게서 나오는 그것이 사람을 더럽게 하느니라

9

10

11

12

13

14

15

16

17

18

19

20

예수님의 갈릴리 안팎에서의 사역

6장 30절-9장 29절

7장

21 속에서 곧 사람의 마음에서 나오는 것은 악한 생각 곧 음란과 도
둑질과 살인과
22 간음과 탐욕과 악독과 속임과 음탕과 질투와 비방과 교만과 우매
함이니
23 이 모든 악한 것이 다 속에서 나와서 사람을 더럽게 하느니라

수로보니게 여자의 믿음(마 15:21-28)

24 예수께서 일어나사 거기를 떠나 두로 지방으로 가서 한 집에 들어
가 아무도 모르게 하시려 하나 숨길 수 없더라
25 이에 더러운 귀신 들린 어린 딸을 둔 한 여자가 예수의 소문을 듣
고 곧 와서 그 발 아래에 엎드리니
26 그 여자는 헬라인이요 수로보니게 족속이라 자기 딸에게서 귀신
쫓아내 주시기를 간구하거늘
27 예수께서 이르시되 자녀로 먼저 배불리 먹게 할지니 자녀의 떡을
취하여 개들에게 던짐이 마땅치 아니하니라
28 여자가 대답하여 이르되 주여 옳소이다마는 상 아래 개들도 아이
들이 먹던 부스러기를 먹나이다
29 예수께서 이르시되 이 말을 하였으니 돌아가라 귀신이 네 딸에게
서 나갔느니라 하시매
30 여자가 집에 돌아가 본즉 아이가 침상에 누웠고 귀신이 나갔더라

귀 먹고 말 더듬는 사람을 고치시다

31 예수께서 다시 두로 지방에서 나와 시돈을 지나고 데가볼리 지방
을 통과하여 갈릴리 호수에 이르시매

21

22

23

수로보니게 여자의 믿음(마 15:21-28)

24

25

26

27

28

29

30

귀 먹고 말 더듬는 사람을 고치시다

31

마가복음

예수님의 갈릴리 안팎에서의 사역

6장 30절-9장 29절

7장

32 사람들이 귀 먹고 말 더듬는 자를 데리고 예수께 나아와 안수하여
주시기를 간구하거늘
33 예수께서 그 사람을 따로 데리고 무리를 떠나사 손가락을 그의 양
귀에 넣고 침을 뱉어 그의 혀에 손을 대시며
34 하늘을 우러러 탄식하시며 그에게 이르시되 에바다 하시니 이는
열리라는 뜻이라
35 그의 귀가 열리고 혀가 맺힌 것이 곧 풀려 말이 분명하여졌더라
36 예수께서 그들에게 경고하사 아무에게도 이르지 말라 하시되 경
고하실수록 그들이 더욱 널리 전파하니
37 사람들이 심히 놀라 이르되 그가 모든 것을 잘하였도다 못 듣는
사람도 듣게 하고 말 못하는 사람도 말하게 한다 하니라

8장

사천 명을 먹이시다(마 15:32-39)

1 그 무렵에 또 큰 무리가 있어 먹을 것이 없는지라 예수께서 제자
들을 불러 이르시되
2 내가 무리를 불쌍히 여기노라 그들이 나와 함께 있은 지 이미 사
흘이 지났으나 먹을 것이 없도다
3 만일 내가 그들을 굶겨 집으로 보내면 길에서 기진하리라 그 중에
는 멀리서 온 사람들도 있느니라
4 제자들이 대답하되 이 광야 어디서 떡을 얻어 이 사람들로 배부르
게 할 수 있으리이까
5 예수께서 물으시되 너희에게 떡 몇 개나 있느냐 이르되 일곱이로
소이다 하거늘

32

33

34

35

36

37

[8장] 사천 명을 먹이시다(마 15:32-39)

1

2

3

4

5

예수님의 갈릴리 안팎에서의 사역

6장 30절–9장 29절

8장

6 예수께서 무리를 명하여 땅에 앉게 하시고 떡 일곱 개를 가지사
축사하시고 떼어 제자들에게 주어 나누어 주게 하시니 제자들이
무리에게 나누어 주더라
7 또 작은 생선 두어 마리가 있는지라 이에 축복하시고 명하사 이것
도 나누어 주게 하시니
8 배불리 먹고 남은 조각 일곱 광주리를 거두었으며
9 사람은 약 사천 명이었더라 예수께서 그들을 흩어 보내시고
10 곧 제자들과 함께 배에 오르사 달마누다 지방으로 가시니라

이 세대가 표적을 구하나(마 16:1-4)

11 바리새인들이 나와서 예수를 힐난하며 그를 시험하여 하늘로부
터 오는 표적을 구하거늘
12 예수께서 마음속으로 깊이 탄식하시며 이르시되 어찌하여 이 세
대가 표적을 구하느냐 내가 진실로 너희에게 이르노니 이 세대에
표적을 주지 아니하리라 하시고
13 그들을 떠나 다시 배에 올라 건너편으로 가시니라

바리새인들과 헤롯의 누룩(마 16:5-12)

14 제자들이 떡 가져오기를 잊었으매 배에 떡 한 개밖에 그들에게 없
더라
15 예수께서 경고하여 이르시되 삼가 바리새인들의 누룩과 헤롯의
누룩을 주의하라 하시니
16 제자들이 서로 수군거리기를 이는 우리에게 떡이 없음이로다 하
거늘

6

7

8

9

10

이 세대가 표적을 구하나(마 16:1-4)

11

12

13

바리새인들과 헤롯의 누룩(마 16:5-12)

14

15

16

8장

17 예수께서 아시고 이르시되 너희가 어찌 떡이 없음으로 수군거리
느냐 아직도 알지 못하며 깨닫지 못하느냐 너희 마음이 둔하냐
18 너희가 눈이 있어도 보지 못하며 귀가 있어도 듣지 못하느냐 또
기억하지 못하느냐
19 내가 떡 다섯 개를 오천 명에게 떼어 줄 때에 조각 몇 바구니를 거
두었더냐 이르되 열둘이니이다
20 또 일곱 개를 사천 명에게 떼어 줄 때에 조각 몇 광주리를 거두었
더냐 이르되 일곱이니이다
21 이르시되 아직도 깨닫지 못하느냐 하시니라

벳새다에서 맹인을 고치시다

22 벳새다에 이르매 사람들이 맹인 한 사람을 데리고 예수께 나아와
손 대시기를 구하거늘
23 예수께서 맹인의 손을 붙잡으시고 마을 밖으로 데리고 나가사
눈에 침을 뱉으시며 그에게 안수하시고 무엇이 보이느냐 물으
시니
24 쳐다보며 이르되 사람들이 보이나이다 나무 같은 것들이 걸어 가
는 것을 보나이다 하거늘
25 이에 그 눈에 다시 안수하시매 그가 주목하여 보더니 나아서 모든
것을 밝히 보는지라
26 예수께서 그 사람을 집으로 보내시며 이르시되 마을에는 들어가
지 말라 하시니라

17

18

19

20

21

벳새다에서 맹인을 고치시다

22

23

24

25

26

예수님의 갈릴리 안팎에서의 사역

6장 30절-9장 29절

8장

베드로의 고백, 죽음과 부활을 말씀하심(마 16:13-28; 눅 9:18-27)

27 예수와 제자들이 빌립보 가이사랴 여러 마을로 나가실새 길에서
제자들에게 물어 이르시되 사람들이 나를 누구라고 하느냐
28 제자들이 여짜와 이르되 침(세)례 요한이라 하고 더러는 엘리야,
더러는 선지자 중의 하나라 하나이다
29 또 물으시되 너희는 나를 누구라 하느냐 베드로가 대답하여 이르
되 주는 그리스도시니이다 하매
30 이에 자기의 일을 아무에게도 말하지 말라 경고하시고
31 인자가 많은 고난을 받고 장로들과 대제사장들과 서기관들에게
버린 바 되어 죽임을 당하고 사흘 만에 살아나야 할 것을 비로소
그들에게 가르치시되
32 드러내 놓고 이 말씀을 하시니 베드로가 예수를 붙들고 항변하매
33 예수께서 돌이키사 제자들을 보시며 베드로를 꾸짖어 이르시되
사탄아 내 뒤로 물러가라 네가 하나님의 일을 생각하지 아니하고
도리어 사람의 일을 생각하는도다 하시고
34 무리와 제자들을 불러 이르시되 누구든지 나를 따라오려거든 자
기를 부인하고 자기 십자가를 지고 나를 따를 것이니라
35 누구든지 자기 목숨을 구원하고자 하면 잃을 것이요 누구든지 나
와 복음을 위하여 자기 목숨을 잃으면 구원하리라
36 사람이 만일 온 천하를 얻고도 자기 목숨을 잃으면 무엇이 유익하
리요
37 사람이 무엇을 주고 자기 목숨과 바꾸겠느냐

베드로의 고백, 죽음과 부활을 말씀하심(마 16:13-28; 눅 9:18-27)

27

28

29

30

31

32

33

34

35

36

37

예수님의 갈릴리 안팎에서의 사역

6장 30절-9장 29절

8장

38 누구든지 이 음란하고 죄 많은 세대에서 나와 내 말을 부끄러워하
면 인자도 아버지의 영광으로 거룩한 천사들과 함께 올 때에 그
사람을 부끄러워하리라

9장

1 또 그들에게 이르시되 내가 진실로 너희에게 이르노니 여기 서 있
는 사람 중에는 죽기 전에 하나님의 나라가 권능으로 임하는 것을
볼 자들도 있느니라 하시니라

영광스러운 모습으로 변형되시다(마 17:1-13; 눅 9:28-36)

2 엿새 후에 예수께서 베드로와 야고보와 요한을 데리시고 따로 높
은 산에 올라가셨더니 그들 앞에서 변형되사
3 그 옷이 광채가 나며 세상에서 빨래하는 자가 그렇게 희게 할 수
없을 만큼 매우 희어졌더라
4 이에 엘리야가 모세와 함께 그들에게 나타나 예수와 더불어 말하거늘
5 베드로가 예수께 고하되 랍비여 우리가 여기 있는 것이 좋사오니
우리가 초막 셋을 짓되 하나는 주를 위하여, 하나는 모세를 위하
여, 하나는 엘리야를 위하여 하사이다 하니
6 이는 그들이 몹시 무서워하므로 그가 무슨 말을 할지 알지 못함이
더라
7 마침 구름이 와서 그들을 덮으며 구름 속에서 소리가 나되 이는
내 사랑하는 아들이니 너희는 그의 말을 들으라 하는지라
8 문득 둘러보니 아무도 보이지 아니하고 오직 예수와 자기들뿐이
었더라

38

[9장]

1

[영광스러운 모습으로 변형되시다(마 17:1-13; 눅 9:28-36)

2

3

4

5

6

7

8

예수님의 갈릴리 안팎에서의 사역

6장 30절-9장 29절

9장

9 그들이 산에서 내려올 때에 예수께서 경고하시되 인자가 죽은
자 가운데서 살아날 때까지는 본 것을 아무에게도 이르지 말라
하시니
10 그들이 이 말씀을 마음에 두며 서로 문의하되 죽은 자 가운데서
살아나는 것이 무엇일까 하고
11 이에 예수께 묻자와 이르되 어찌하여 서기관들이 엘리야가 먼저
와야 하리라 하나이까
12 이르시되 엘리야가 과연 먼저 와서 모든 것을 회복하거니와 어찌
인자에 대하여 기록하기를 많은 고난을 받고 멸시를 당하리라 하
였느냐
13 그러나 내가 너희에게 이르노니 엘리야가 왔으되 기록된 바와 같
이 사람들이 함부로 대우하였느니라 하시니라

귀신 들린 아이를 고치시다(마 17:14-20; 눅 9:37-43 상)

14 이에 그들이 제자들에게 와서 보니 큰 무리가 그들을 둘러싸고 서
기관들이 그들과 더불어 변론하고 있더라
15 온 무리가 곧 예수를 보고 매우 놀라며 달려와 문안하거늘
16 예수께서 물으시되 너희가 무엇을 그들과 변론하느냐
17 무리 중의 하나가 대답하되 선생님 말 못하게 귀신 들린 내 아들
을 선생님께 데려왔나이다
18 귀신이 어디서든지 그를 잡으면 거꾸러져 거품을 흘리며 이를 갈
며 그리고 파리해지는지라 내가 선생님의 제자들에게 내쫓아 달
라 하였으나 그들이 능히 하지 못하더이다

9

10

11

12

13

귀신 들린 아이를 고치시다(마 17:14-20; 눅 9:37-43 상)

14

15

16

17

18

예수님의 갈릴리 안팎에서의 사역

6장 30절-9장 29절

9장

19 대답하여 이르시되 믿음이 없는 세대여 내가 얼마나 너희와 함께
있으며 얼마나 너희에게 참으리요 그를 내게로 데려오라 하시매
20 이에 데리고 오니 귀신이 예수를 보고 곧 그 아이로 심히 경련을
일으키게 하는지라 그가 땅에 엎드러져 구르며 거품을 흘리더라
21 예수께서 그 아버지에게 물으시되 언제부터 이렇게 되었느냐 하
시니 이르되 어릴 때부터니이다
22 귀신이 그를 죽이려고 불과 물에 자주 던졌나이다 그러나 무엇을
하실 수 있거든 우리를 불쌍히 여기사 도와 주옵소서
23 예수께서 이르시되 할 수 있거든이 무슨 말이냐 믿는 자에게는 능
히 하지 못할 일이 없느니라 하시니
24 곧 그 아이의 아버지가 소리를 질러 이르되 내가 믿나이다 나의
믿음 없는 것을 도와 주소서 하더라
25 예수께서 무리가 달려와 모이는 것을 보시고 그 더러운 귀신을 꾸
짖어 이르시되 말 못하고 못 듣는 귀신아 내가 네게 명하노니 그
아이에게서 나오고 다시 들어가지 말라 하시매
26 귀신이 소리 지르며 아이로 심히 경련을 일으키게 하고 나가니 그
아이가 죽은 것 같이 되어 많은 사람이 말하기를 죽었다 하나
27 예수께서 그 손을 잡아 일으키시니 이에 일어서니라
28 집에 들어가시매 제자들이 조용히 묻자오되 우리는 어찌하여 능
히 그 귀신을 쫓아내지 못하였나이까
29 이르시되 기도 외에 다른 것으로는 이런 종류가 나갈 수 없느니라
하시니라

19

20

21

22

23

24

25

26

27

28

29

마가복음

예수님의 마지막 갈릴리 사역

9장 30절–50절

9장

죽음과 부활을 두 번째로 말씀하시다(마 17:22-23; 눅 9:43 하-45)

30 그 곳을 떠나 갈릴리 가운데로 지날새 예수께서 아무에게도 알리
고자 아니하시니
31 이는 제자들을 가르치시며 또 인자가 사람들의 손에 넘겨져 죽임
을 당하고 죽은 지 삼 일만에 살아나리라는 것을 말씀하셨기 때문
이더라
32 그러나 제자들은 이 말씀을 깨닫지 못하고 묻기도 두려워하더라

누가 크냐(마 18:1-5; 눅 9:46-48)

33 가버나움에 이르러 집에 계실새 제자들에게 물으시되 너희가 길
에서 서로 토론한 것이 무엇이냐 하시되
34 그들이 잠잠하니 이는 길에서 서로 누가 크냐 하고 쟁론하였음
이라
35 예수께서 앉으사 열두 제자를 불러서 이르시되 누구든지 첫째가
되고자 하면 뭇 사람의 끝이 되며 뭇 사람을 섬기는 자가 되어야
하리라 하시고
36 어린 아이 하나를 데려다가 그들 가운데 세우시고 안으시며 제자
들에게 이르시되
37 누구든지 내 이름으로 이런 어린 아이 하나를 영접하면 곧 나를
영접함이요 누구든지 나를 영접하면 나를 영접함이 아니요 나를
보내신 이를 영접함이니라

죽음과 부활을 두 번째로 말씀하시다(마 17:22-23; 눅 9:43 하-45)

30

31

32

누가 크냐(마 18:1-5; 눅 9:46-48)

33

34

35

36

37

[기도와 묵상]

예수님의 마지막 갈릴리 사역

9장 30절–50절

9장

우리를 위하는 사람(마 18:6-9; 눅 9:49-50; 17:1-2)

38 요한이 예수께 여짜오되 선생님 우리를 따르지 않는 어떤 자가 주
의 이름으로 귀신을 내쫓는 것을 우리가 보고 우리를 따르지 아니
하므로 금하였나이다
39 예수께서 이르시되 금하지 말라 내 이름을 의탁하여 능한 일을 행
하고 즉시로 나를 비방할 자가 없느니라
40 우리를 반대하지 않는 자는 우리를 위하는 자니라
41 누구든지 너희가 그리스도에게 속한 자라 하여 물 한 그릇이라
도 주면 내가 진실로 너희에게 이르노니 그가 결코 상을 잃지 않
으리라
42 또 누구든지 나를 믿는 이 작은 자들 중 하나라도 실족하게 하면
차라리 연자맷돌이 그 목에 매여 바다에 던져지는 것이 나으리라
43 만일 네 손이 너를 범죄하게 하거든 찍어버리라 장애인으로 영생
에 들어가는 것이 두 손을 가지고 지옥 곧 꺼지지 않는 불에 들어
가는 것보다 나으니라
44 (없음)
45 만일 네 발이 너를 범죄하게 하거든 찍어버리라 다리 저는 자로
영생에 들어가는 것이 두 발을 가지고 지옥에 던져지는 것보다 나
으니라
46 (없음)
47 만일 네 눈이 너를 범죄하게 하거든 빼버리라 한 눈으로 하나님의
나라에 들어가는 것이 두 눈을 가지고 지옥에 던져지는 것보다 나
으니라

우리를 위하는 사람(마 18:6-9; 눅 9:49-50; 17:1-2)

38

39

40

41

42

43

44 (없음)

45

46 (없음)

47

예수님의 마지막 갈릴리 사역

9장 30절-50절

예수님의 유대와 베레아 사역

10장 1절-52절

9장

48 거기에서는 구더기도 죽지 않고 불도 꺼지지 아니하느니라
49 사람마다 불로써 소금 치듯 함을 받으리라
50 소금은 좋은 것이로되 만일 소금이 그 맛을 잃으면 무엇으로 이를
짜게 하리요 너희 속에 소금을 두고 서로 화목하라 하시니라

10장

이혼에 대하여 가르치시다(마 19:1-12)

1 예수께서 거기서 떠나 유대 지경과 요단 강 건너편으로 가시니 무
리가 다시 모여들거늘 예수께서 다시 전례대로 가르치시더니
2 바리새인들이 예수께 나아와 그를 시험하여 묻되 사람이 아내를
버리는 것이 옳으니이까
3 대답하여 이르시되 모세가 어떻게 너희에게 명하였느냐
4 이르되 모세는 이혼 증서를 써주어 버리기를 허락하였나이다
5 예수께서 그들에게 이르시되 너희 마음이 완악함으로 말미암아
이 명령을 기록하였거니와
6 창조 때로부터 사람을 남자와 여자로 지으셨으니
7 이러므로 사람이 그 부모를 떠나서
8 그 둘이 한 몸이 될지니라 이러한즉 이제 둘이 아니요 한 몸이니
9 그러므로 하나님이 짝지어 주신 것을 사람이 나누지 못할지니라
하시더라
10 집에서 제자들이 다시 이 일을 물으니
11 이르시되 누구든지 그 아내를 버리고 다른 데에 장가 드는 자는
본처에게 간음을 행함이요
12 또 아내가 남편을 버리고 다른 데로 시집 가면 간음을 행함이니라

48

49

50

[10장] 이혼에 대하여 가르치시다(마 19:1-12)

1

2

3

4

5

6

7

8

9

10

11

12

마가복음

예수님의 유대와 베레아 사역

10장 1절-52절

10장

어린 아이들을 축복하시다(마 19:13-15; 눅 18:15-17)

13 사람들이 예수께서 만져 주심을 바라고 어린 아이들을 데리고 오
매 제자들이 꾸짖거늘
14 예수께서 보시고 노하시어 이르시되 어린 아이들이 내게 오는 것
을 용납하고 금하지 말라 하나님의 나라가 이런 자의 것이니라
15 내가 진실로 너희에게 이르노니 누구든지 하나님의 나라를 어린
아이와 같이 받들지 않는 자는 결단코 그 곳에 들어가지 못하리라
하시고
16 그 어린 아이들을 안고 그들 위에 안수하시고 축복하시니라

재물이 많은 사람(마 19:16-30; 눅 18:18-30)

17 예수께서 길에 나가실새 한 사람이 달려와서 꿇어 앉아 묻자오되
선한 선생님이여 내가 무엇을 하여야 영생을 얻으리이까
18 예수께서 이르시되 네가 어찌하여 나를 선하다 일컫느냐 하나님
한 분 외에는 선한 이가 없느니라
19 네가 계명을 아나니 살인하지 말라, 간음하지 말라, 도둑질하지
말라, 거짓 증언 하지 말라, 속여 빼앗지 말라, 네 부모를 공경하라
하였느니라
20 그가 여짜오되 선생님이여 이것은 내가 어려서부터 다 지켰나이다
21 예수께서 그를 보시고 사랑하사 이르시되 네게 아직도 한 가지 부
족한 것이 있으니 가서 네게 있는 것을 다 팔아 가난한 자들에게
주라 그리하면 하늘에서 보화가 네게 있으리라 그리고 와서 나를
따르라 하시니

어린 아이들을 축복하시다(마 19:13-15; 눅 18:15-17)

13

14

15

16

재물이 많은 사람(마 19:16-30; 눅 18:18-30)

17

18

19

20

21

마가복음

예수님의 유대와 베레아 사역

10장 1절-52절

10장

22 그 사람은 재물이 많은 고로 이 말씀으로 인하여 슬픈 기색을 띠
고 근심하며 가니라
23 예수께서 둘러 보시고 제자들에게 이르시되 재물이 있는 자는 하
나님의 나라에 들어가기가 심히 어렵도다 하시니
24 제자들이 그 말씀에 놀라는지라 예수께서 다시 대답하여 이르시
되 얘들아 하나님의 나라에 들어가기가 얼마나 어려운지
25 낙타가 바늘귀로 나가는 것이 부자가 하나님의 나라에 들어가는
것보다 쉬우니라 하시니
26 제자들이 매우 놀라 서로 말하되 그런즉 누가 구원을 얻을 수 있
는가 하니
27 예수께서 그들을 보시며 이르시되 사람으로는 할 수 없으되 하나
님으로는 그렇지 아니하니 하나님으로서는 다 하실 수 있느니라
28 베드로가 여짜와 이르되 보소서 우리가 모든 것을 버리고 주를 따
랐나이다
29 예수께서 이르시되 내가 진실로 너희에게 이르노니 나와 복음을
위하여 집이나 형제나 자매나 어머니나 아버지나 자식이나 전토
를 버린 자는
30 현세에 있어 집과 형제와 자매와 어머니와 자식과 전토를 백 배나
받되 박해를 겸하여 받고 내세에 영생을 받지 못할 자가 없느니라
31 그러나 먼저 된 자로서 나중 되고 나중 된 자로서 먼저 될 자가 많
으니라

22

23

24

25

26

27

28

29

30

31

마가복음

예수님의 유대와 베레아 사역

10장 1절-52절

10장

죽음과 부활을 세 번째로 이르시다(마 20:17-19; 눅 18:31-34)

32 예루살렘으로 올라가는 길에 예수께서 그들 앞에 서서 가시는데
그들이 놀라고 따르는 자들은 두려워하더라 이에 다시 열두 제자
를 데리시고 자기가 당할 일을 말씀하여 이르시되
33 보라 우리가 예루살렘에 올라가노니 인자가 대제사장들과 서기
관들에게 넘겨지매 그들이 죽이기로 결의하고 이방인들에게 넘
겨 주겠고
34 그들은 능욕하며 침 뱉으며 채찍질하고 죽일 것이나 그는 삼 일
만에 살아나리라 하시니라

야고보와 요한이 구하는 것(마 20:20-28)

35 세베대의 아들 야고보와 요한이 주께 나아와 여짜오되 선생님이
여 무엇이든지 우리가 구하는 바를 우리에게 하여 주시기를 원하
옵나이다
36 이르시되 너희에게 무엇을 하여 주기를 원하느냐
37 여짜오되 주의 영광중에서 우리를 하나는 주의 우편에, 하나는 좌
편에 앉게 하여 주옵소서
38 예수께서 이르시되 너희는 너희가 구하는 것을 알지 못하는도다
내가 마시는 잔을 너희가 마실 수 있으며 내가 받는 침(세)례를 너
희가 받을 수 있느냐
39 그들이 말하되 할 수 있나이다 예수께서 이르시되 너희는 내가 마
시는 잔을 마시며 내가 받는 침(세)례를 받으려니와

죽음과 부활을 세 번째로 이르시다(마 20:17-19; 눅 18:31-34)

32

33

34

야고보와 요한이 구하는 것(마 20:20-28)

35

36

37

38

39

예수님의 유대와 베레아 사역

10장 1절-52절

10장

40 내 좌우편에 앉는 것은 내가 줄 것이 아니라 누구를 위하여 준비
되었든지 그들이 얻을 것이니라
41 열 제자가 듣고 야고보와 요한에 대하여 화를 내거늘
42 예수께서 불러다가 이르시되 이방인의 집권자들이 그들을 임의
로 주관하고 그 고관들이 그들에게 권세를 부리는 줄을 너희가 알
거니와
43 너희 중에는 그렇지 않을지니 너희 중에 누구든지 크고자 하는 자
는 너희를 섬기는 자가 되고
44 너희 중에 누구든지 으뜸이 되고자 하는 자는 모든 사람의 종이
되어야 하리라
45 인자가 온 것은 섬김을 받으려 함이 아니라 도리어 섬기려 하고
자기 목숨을 많은 사람의 대속물로 주려 함이니라

맹인 바디매오가 고침을 받다(마 20:29-34; 눅 18:35-43)

46 그들이 여리고에 이르렀더니 예수께서 제자들과 허다한 무리와
함께 여리고에서 나가실 때에 디매오의 아들인 맹인 거지 바디매
오가 길 가에 앉았다가
47 나사렛 예수시란 말을 듣고 소리 질러 이르되 다윗의 자손 예수여
나를 불쌍히 여기소서 하거늘
48 많은 사람이 꾸짖어 잠잠하라 하되 그가 더욱 크게 소리 질러 이
르되 다윗의 자손이여 나를 불쌍히 여기소서 하는지라
49 예수께서 머물러 서서 그를 부르라 하시니 그들이 그 맹인을 부르
며 이르되 안심하고 일어나라 그가 너를 부르신다 하매

40

41

42

43

44

45

맹인 바디매오가 고침을 받다(마 20:29-34; 눅 18:35-43)

46

47

48

49

예수님의 유대와 베레아 사역

10장 1절-52절

예수님의 예루살렘 사역

11장 1절-15장 47절

10장

50 맹인이 겉옷을 내버리고 뛰어 일어나 예수께 나아오거늘
51 예수께서 말씀하여 이르시되 네게 무엇을 하여 주기를 원하느냐
맹인이 이르되 선생님이여 보기를 원하나이다
52 예수께서 이르시되 가라 네 믿음이 너를 구원하였느니라 하시니
그가 곧 보게 되어 예수를 길에서 따르니라

11장

예루살렘에 들어가시다(마 21:1-11; 눅 19:28-40; 요 12:12-19)

1 그들이 예루살렘에 가까이 와서 감람 산 벳바게와 베다니에 이르
렀을 때에 예수께서 제자 중 둘을 보내시며
2 이르시되 너희는 맞은편 마을로 가라 그리로 들어가면 곧 아직 아
무도 타 보지 않은 나귀 새끼가 매여 있는 것을 보리니 풀어 끌고
오라
3 만일 누가 너희에게 왜 이렇게 하느냐 묻거든 주가 쓰시겠다 하라
그리하면 즉시 이리로 보내리라 하시니
4 제자들이 가서 본즉 나귀 새끼가 문 앞 거리에 매여 있는지라 그
것을 푸니
5 거기 서 있는 사람 중 어떤 이들이 이르되 나귀 새끼를 풀어 무엇
하려느냐 하매
6 제자들이 예수께서 이르신 대로 말한대 이에 허락하는지라
7 나귀 새끼를 예수께로 끌고 와서 자기들의 겉옷을 그 위에 얹어
놓으매 예수께서 타시니
8 많은 사람들은 자기들의 겉옷을, 또 다른 이들은 들에서 벤 나뭇
가지를 길에 펴며

50

51

52

[11장] 예루살렘에 들어가시다(마 21:1-11; 눅 19:28-40; 요 12:12-19)

1

2

3

4

5

6

7

8

예수님의 예루살렘 사역

11장 1절–15장 47절

11장

9 앞에서 가고 뒤에서 따르는 자들이 소리 지르되 호산나 찬송하리
로다 주의 이름으로 오시는 이여
10 찬송하리로다 오는 우리 조상 다윗의 나라여 가장 높은 곳에서 호
산나 하더라
11 예수께서 예루살렘에 이르러 성전에 들어가사 모든 것을 둘러
보시고 때가 이미 저물매 열두 제자를 데리시고 베다니에 나가
시니라

무화과나무에게 이르시다(마 21:18-19)

12 이튿날 그들이 베다니에서 나왔을 때에 예수께서 시장하신지라
13 멀리서 잎사귀 있는 한 무화과나무를 보시고 혹 그 나무에 무엇이
있을까 하여 가셨더니 가서 보신즉 잎사귀 외에 아무 것도 없더라
이는 무화과의 때가 아님이라
14 예수께서 나무에게 말씀하여 이르시되 이제부터 영원토록 사
람이 네게서 열매를 따 먹지 못하리라 하시니 제자들이 이를 듣
더라

성전을 깨끗하게 하시다(마 21:12-17; 눅 19:45-48; 요 2:13-22)

15 그들이 예루살렘에 들어가니라 예수께서 성전에 들어가사 성전
안에서 매매하는 자들을 내쫓으시며 돈 바꾸는 자들의 상과 비둘
기 파는 자들의 의자를 둘러 엎으시며
16 아무나 물건을 가지고 성전 안으로 지나다님을 허락하지 아니하
시고

9

10

11

무화과나무에게 이르시다(마 21:18-19)

12

13

14

성전을 깨끗하게 하시다(마 21:12-17; 눅 19:45-48; 요 2:13-22)

15

16

마가복음

예수님의 예루살렘 사역

11장 1절-15장 47절

11장

17 이에 가르쳐 이르시되 기록된 바 내 집은 만민이 기도하는 집이라
칭함을 받으리라고 하지 아니하였느냐 너희는 강도의 소굴을 만
들었도다 하시매
18 대제사장들과 서기관들이 듣고 예수를 어떻게 죽일까 하고 꾀하
니 이는 무리가 다 그의 교훈을 놀랍게 여기므로 그를 두려워함일
러라
19 그리고 날이 저물매 그들이 성 밖으로 나가더라

무화과나무가 마르다(마 21:20-22)

20 그들이 아침에 지나갈 때에 무화과나무가 뿌리째 마른 것을 보고
21 베드로가 생각이 나서 여짜오되 랍비여 보소서 저주하신 무화과
나무가 말랐나이다
22 예수께서 그들에게 대답하여 이르시되 하나님을 믿으라
23 내가 진실로 너희에게 이르노니 누구든지 이 산더러 들리어 바다
에 던져지라 하며 그 말하는 것이 이루어질 줄 믿고 마음에 의심
하지 아니하면 그대로 되리라
24 그러므로 내가 너희에게 말하노니 무엇이든지 기도하고 구하는
것은 받은 줄로 믿으라 그리하면 너희에게 그대로 되리라
25 서서 기도할 때에 아무에게나 혐의가 있거든 용서하라 그리하여
야 하늘에 계신 너희 아버지께서도 너희 허물을 사하여 주시리라
하시니라
26 (없음)

17

18

19

무화과나무가 마르다(마 21:20-22)

20

21

22

23

24

25

26 (없음)

예수님의 예루살렘 사역

11장 1절－15장 47절

11장

예수의 권위를 두고 말하다(마 21:23-27; 눅 20:1-8)

27 그들이 다시 예루살렘에 들어가니라 예수께서 성전에서 거니실
때에 대제사장들과 서기관들과 장로들이 나아와
28 이르되 무슨 권위로 이런 일을 하느냐 누가 이런 일 할 권위를 주
었느냐
29 예수께서 이르시되 나도 한 말을 너희에게 물으리니 대답하라 그
리하면 나도 무슨 권위로 이런 일을 하는지 이르리라
30 요한의 침(세)례가 하늘로부터냐 사람으로부터냐 내게 대답하라
31 그들이 서로 의논하여 이르되 만일 하늘로부터라 하면 어찌하여
그를 믿지 아니하였느냐 할 것이니
32 그러면 사람으로부터라 할까 하였으나 모든 사람이 요한을 참 선
지자로 여기므로 그들이 백성을 두려워하는지라
33 이에 예수께 대답하여 이르되 우리가 알지 못하노라 하니 예수께
서 이르시되 나도 무슨 권위로 이런 일을 하는지 너희에게 이르지
아니하리라 하시니라

12장

포도원 농부 비유(마 21:33-46; 눅 20:9-19)

1 예수께서 비유로 그들에게 말씀하시되 한 사람이 포도원을 만들
어 산울타리로 두르고 즙 짜는 틀을 만들고 망대를 지어서 농부들
에게 세로 주고 타국에 갔더니
2 때가 이르매 농부들에게 포도원 소출 얼마를 받으려고 한 종을 보
내니
3 그들이 종을 잡아 심히 때리고 거저 보내었거늘

예수의 권위를 두고 말하다(마 21:23-27; 눅 20:1-8)

27

28

29

30

31

32

33

[12장] 포도원 농부 비유(마 21:33-46; 눅 20:9-19)

1

2

3

예수님의 예루살렘 사역

11장 1절-15장 47절

12장

4 다시 다른 종을 보내니 그의 머리에 상처를 내고 능욕하였거늘
5 또 다른 종을 보내니 그들이 그를 죽이고 또 그 외 많은 종들도 더
러는 때리고 더러는 죽인지라
6 이제 한 사람이 남았으니 곧 그가 사랑하는 아들이라 최후로 이를
보내며 이르되 내 아들은 존대하리라 하였더니
7 그 농부들이 서로 말하되 이는 상속자니 자 죽이자 그러면 그 유
산이 우리 것이 되리라 하고
8 이에 잡아 죽여 포도원 밖에 내던졌느니라
9 포도원 주인이 어떻게 하겠느냐 와서 그 농부들을 진멸하고 포도
원을 다른 사람들에게 주리라
10 너희가 성경에 건축자들이 버린 돌이 모퉁이의 머릿돌이 되었나니
11 이것은 주로 말미암아 된 것이요 우리 눈에 놀랍도다 함을 읽어
보지도 못하였느냐 하시니라
12 그들이 예수의 이 비유가 자기들을 가리켜 말씀하심인 줄 알고 잡
고자 하되 무리를 두려워하여 예수를 두고 가니라

가이사에게 세금을 바치는 것(마 22:15-22; 눅 20:20-26)

13 그들이 예수의 말씀을 책잡으려 하여 바리새인과 헤롯당 중에서
사람을 보내매
14 와서 이르되 선생님이여 우리가 아노니 당신은 참되시고 아무도
꺼리는 일이 없으시니 이는 사람을 외모로 보지 않고 오직 진리로
써 하나님의 도를 가르치심이니이다 가이사에게 세금을 바치는
것이 옳으니이까 옳지 아니하니이까

4

5

6

7

8

9

10

11

12

가이사에게 세금을 바치는 것(마 22:15-22; 눅 20:20-26)

13

14

예수님의 예루살렘 사역

11장 1절-15장 47절

12장

15 우리가 바치리이까 말리이까 한대 예수께서 그 외식함을 아시고
이르시되 어찌하여 나를 시험하느냐 데나리온 하나를 가져다가
내게 보이라 하시니
16 가져왔거늘 예수께서 이르시되 이 형상과 이 글이 누구의 것이냐
이르되 가이사의 것이니이다
17 이에 예수께서 이르시되 가이사의 것은 가이사에게, 하나님의 것
은 하나님께 바치라 하시니 그들이 예수께 대하여 매우 놀랍게 여
기더라

부활 논쟁(마 22:23-33; 눅 20:27-40)

18 부활이 없다 하는 사두개인들이 예수께 와서 물어 이르되
19 선생님이여 모세가 우리에게 써 주기를 어떤 사람의 형이 자식이
없이 아내를 두고 죽으면 그 동생이 그 아내를 취하여 형을 위하
여 상속자를 세울지니라 하였나이다
20 칠 형제가 있었는데 맏이가 아내를 취하였다가 상속자가 없이
죽고
21 둘째도 그 여자를 취하였다가 상속자가 없이 죽고 셋째도 그렇게
하여
22 일곱이 다 상속자가 없었고 최후에 여자도 죽었나이다
23 일곱 사람이 다 그를 아내로 취하였으니 부활 때 곧 그들이 살아
날 때에 그 중의 누구의 아내가 되리이까
24 예수께서 이르시되 너희가 성경도 하나님의 능력도 알지 못하므
로 오해함이 아니냐

15

16

17

부활 논쟁(마 22:23-33; 눅 20:27-40)

18

19

20

21

22

23

24

예수님의 예루살렘 사역

11장 1절-15장 47절

12장

25 사람이 죽은 자 가운데서 살아날 때에는 장가도 아니 가고 시집도
아니 가고 하늘에 있는 천사들과 같으니라
26 죽은 자가 살아난다는 것을 말할진대 너희가 모세의 책 중 가시나
무 떨기에 관한 글에 하나님께서 모세에게 이르시되 나는 아브라
함의 하나님이요 이삭의 하나님이요 야곱의 하나님이로라 하신
말씀을 읽어보지 못하였느냐
27 하나님은 죽은 자의 하나님이 아니요 산 자의 하나님이시라 너희
가 크게 오해하였도다 하시니라

가장 큰 계명(마 22:34-40; 눅 10:25-28)

28 서기관 중 한 사람이 그들이 변론하는 것을 듣고 예수께서 잘 대답
하신 줄을 알고 나아와 묻되 모든 계명 중에 첫째가 무엇이니이까
29 예수께서 대답하시되 첫째는 이것이니 이스라엘아 들으라 주 곧
우리 하나님은 유일한 주시라
30 네 마음을 다하고 목숨을 다하고 뜻을 다하고 힘을 다하여 주 너
의 하나님을 사랑하라 하신 것이요
31 둘째는 이것이니 네 이웃을 네 자신과 같이 사랑하라 하신 것이라
이보다 더 큰 계명이 없느니라
32 서기관이 이르되 선생님이여 옳소이다 하나님은 한 분이시요 그
외에 다른 이가 없다 하신 말씀이 참이니이다
33 또 마음을 다하고 지혜를 다하고 힘을 다하여 하나님을 사랑하는
것과 또 이웃을 자기 자신과 같이 사랑하는 것이 전체로 드리는
모든 번제물과 기타 제물보다 나으니이다

25

26

27

가장 큰 계명(마 22:34-40; 눅 10:25-28)

28

29

30

31

32

33

예수님의 예루살렘 사역

11장 1절–15장 47절

12장

34 예수께서 그가 지혜 있게 대답함을 보시고 이르시되 네가 하나
님의 나라에서 멀지 않도다 하시니 그 후에 감히 묻는 자가 없
더라

그리스도와 다윗의 자손(마 22:41-46; 눅 20:41-44)

35 예수께서 성전에서 가르치실새 대답하여 이르시되 어찌하여 서
기관들이 그리스도를 다윗의 자손이라 하느냐
36 다윗이 성령에 감동되어 친히 말하되 주께서 내 주께 이르시되 내
가 네 원수를 네 발 아래에 둘 때까지 내 우편에 앉았으라 하셨도
다 하였느니라
37 다윗이 그리스도를 주라 하였은즉 어찌 그의 자손이 되겠느냐 하
시니 많은 사람들이 즐겁게 듣더라

서기관들을 삼가라(마 23:1-36; 눅 20:45-47)

38 예수께서 가르치실 때에 이르시되 긴 옷을 입고 다니는 것과 시장
에서 문안 받는 것과
39 회당의 높은 자리와 잔치의 윗자리를 원하는 서기관들을 삼가라
40 그들은 과부의 가산을 삼키며 외식으로 길게 기도하는 자니 그 받
는 판결이 더욱 중하리라 하시니라

가난한 과부의 헌금(눅 21:1-4)

41 예수께서 헌금함을 대하여 앉으사 무리가 어떻게 헌금함에 돈 넣
는가를 보실새 여러 부자는 많이 넣는데
42 한 가난한 과부는 와서 두 렙돈 곧 한 고드란트를 넣는지라

34

그리스도와 다윗의 자손(마 22:41-46; 눅 20:41-44)

35

36

37

서기관들을 삼가라(마 23:1-36; 눅 20:45-47)

38

39

40

가난한 과부의 헌금(눅 21:1-4)

41

42

예수님의 예루살렘 사역

11장 1절–15장 47절

12장

43 예수께서 제자들을 불러다가 이르시되 내가 진실로 너희에게 이
르노니 이 가난한 과부는 헌금함에 넣는 모든 사람보다 많이 넣었
도다
44 그들은 다 그 풍족한 중에서 넣었거니와 이 과부는 그 가난한 중
에서 자기의 모든 소유 곧 생활비 전부를 넣었느니라 하시니라

13장

성전이 무너뜨려질 것을 이르시다(마 24:1-2; 눅 21:5-6)

1 예수께서 성전에서 나가실 때에 제자 중 하나가 이르되 선생님이
여 보소서 이 돌들이 어떠하며 이 건물들이 어떠하니이까
2 예수께서 이르시되 네가 이 큰 건물들을 보느냐 돌 하나도 돌 위
에 남지 않고 다 무너뜨려지리라 하시니라

재난의 징조(마 24:3-14; 눅 21:7-19)

3 예수께서 감람 산에서 성전을 마주 대하여 앉으셨을 때에 베드로
와 야고보와 요한과 안드레가 조용히 묻되
4 우리에게 이르소서 어느 때에 이런 일이 있겠사오며 이 모든 일이
이루어지려 할 때에 무슨 징조가 있사오리이까
5 예수께서 이르시되 너희가 사람의 미혹을 받지 않도록 주의하라
6 많은 사람이 내 이름으로 와서 이르되 내가 그라 하여 많은 사람
을 미혹하리라
7 난리와 난리의 소문을 들을 때에 두려워하지 말라 이런 일이 있어
야 하되 아직 끝은 아니니라

43

44

[13장] 성전이 무너뜨려질 것을 이르시다(마 24:1-2; 눅 21:5-6)

1

2

재난의 징조(마 24:3-14; 눅 21:7-19)

3

4

5

6

7

마가복음

예수님의 예루살렘 사역

11장 1절–15장 47절

13장

8 민족이 민족을, 나라가 나라를 대적하여 일어나겠고 곳곳에 지진
이 있으며 기근이 있으리니 이는 재난의 시작이니라
9 너희는 스스로 조심하라 사람들이 너희를 공회에 넘겨 주겠고 너
희를 회당에서 매질하겠으며 나로 말미암아 너희가 권력자들과
임금들 앞에 서리니 이는 그들에게 증거가 되려 함이라
10 또 복음이 먼저 만국에 전파되어야 할 것이니라
11 사람들이 너희를 끌어다가 넘겨 줄 때에 무슨 말을 할까 미리 염
려하지 말고 무엇이든지 그 때에 너희에게 주시는 그 말을 하라
말하는 이는 너희가 아니요 성령이시니라
12 형제가 형제를, 아버지가 자식을 죽는 데에 내주며 자식들이 부모
를 대적하여 죽게 하리라
13 또 너희가 내 이름으로 말미암아 모든 사람에게 미움을 받을 것이
나 끝까지 견디는 자는 구원을 받으리라

가장 큰 환난(마 24:15-28; 눅 21:20-24)

14 멸망의 가증한 것이 서지 못할 곳에 선 것을 보거든 (읽는 자는 깨
달을진저) 그 때에 유대에 있는 자들은 산으로 도망할지어다
15 지붕 위에 있는 자는 내려가지도 말고 집에 있는 무엇을 가지러
들어가지도 말며
16 밭에 있는 자는 겉옷을 가지러 뒤로 돌이키지 말지어다
17 그 날에는 아이 밴 자들과 젖먹이는 자들에게 화가 있으리로다
18 이 일이 겨울에 일어나지 않도록 기도하라

8

9

10

11

12

13

가장 큰 환난(마 24:15-28; 눅 21:20-24)

14

15

16

17

18

예수님의 예루살렘 사역

11장 1절–15장 47절

13장

19 이는 그 날들이 환난의 날이 되겠음이라 하나님께서 창조하신 시
초부터 지금까지 이런 환난이 없었고 후에도 없으리라
20 만일 주께서 그 날들을 감하지 아니하셨더라면 모든 육체가 구원
을 얻지 못할 것이거늘 자기가 택하신 자들을 위하여 그 날들을
감하셨느니라
21 그 때에 어떤 사람이 너희에게 말하되 보라 그리스도가 여기 있다
보라 저기 있다 하여도 믿지 말라
22 거짓 그리스도들과 거짓 선지자들이 일어나서 이적과 기사를 행
하여 할 수만 있으면 택하신 자들을 미혹하려 하리라
23 너희는 삼가라 내가 모든 일을 너희에게 미리 말하였노라

인자가 오는 것을 보리라(마 24:29-31; 눅 21:25-28)

24 그 때에 그 환난 후 해가 어두워지며 달이 빛을 내지 아니하며
25 별들이 하늘에서 떨어지며 하늘에 있는 권능들이 흔들리리라
26 그 때에 인자가 구름을 타고 큰 권능과 영광으로 오는 것을 사람
들이 보리라
27 또 그 때에 그가 천사들을 보내어 자기가 택하신 자들을 땅 끝으
로부터 하늘 끝까지 사방에서 모으리라

무화과나무 비유에서 배울 교훈(마 24:32-44; 눅 21:29-33)

28 무화과나무의 비유를 배우라 그 가지가 연하여지고 잎사귀를 내
면 여름이 가까운 줄 아나니
29 이와 같이 너희가 이런 일이 일어나는 것을 보거든 인자가 가까이
곧 문 앞에 이른 줄 알라

19

20

21

22

23

인자가 오는 것을 보리라(마 24:29-31; 눅 21:25-28)

24

25

26

27

무화과나무 비유에서 배울 교훈(마 24:32-44; 눅 21:29-33)

28

29

예수님의 예루살렘 사역

11장 1절–15장 47절

13장

30 내가 진실로 너희에게 말하노니 이 세대가 지나가기 전에 이 일이
다 일어나리라
31 천지는 없어지겠으나 내 말은 없어지지 아니하리라
32 그러나 그 날과 그 때는 아무도 모르나니 하늘에 있는 천사들도,
아들도 모르고 아버지만 아시느니라
33 주의하라 깨어 있으라 그 때가 언제인지 알지 못함이라
34 가령 사람이 집을 떠나 타국으로 갈 때에 그 종들에게 권한을 주
어 각각 사무를 맡기며 문지기에게 깨어 있으라 명함과 같으니
35 그러므로 깨어 있으라 집 주인이 언제 올는지 혹 저물 때일는지,
밤중일는지, 닭 울 때일는지, 새벽일는지 너희가 알지 못함이라
36 그가 홀연히 와서 너희가 자는 것을 보지 않도록 하라
37 깨어 있으라 내가 너희에게 하는 이 말은 모든 사람에게 하는 말
이니라 하시니라

14장

예수를 죽일 방도를 찾다(마 26:1-5; 눅 22:1-2; 요 11:45-53)

1 이틀이 지나면 유월절과 무교절이라 대제사장들과 서기관들이
예수를 흉계로 잡아 죽일 방도를 구하며
2 이르되 민란이 날까 하노니 명절에는 하지 말자 하더라

예수의 머리에 향유를 붓다(마 26:6-13; 요 12:1-8)

3 예수께서 베다니 나병환자 시몬의 집에서 식사하실 때에 한 여자
가 매우 값진 향유 곧 순전한 나드 한 옥합을 가지고 와서 그 옥합
을 깨뜨려 예수의 머리에 부으니

30

31

32

33

34

35

36

37

[14장] 예수를 죽일 방도를 찾다(마 26:1-5; 눅 22:1-2; 요 11:45-53)

1

2

예수의 머리에 향유를 붓다(마 26:6-13; 요 12:1-8)

3

예수님의 예루살렘 사역

11장 1절-15장 47절

14장

4 어떤 사람들이 화를 내어 서로 말하되 어찌하여 이 향유를 허비하
는가
5 이 향유를 삼백 데나리온 이상에 팔아 가난한 자들에게 줄 수 있
었겠도다 하며 그 여자를 책망하는지라
6 예수께서 이르시되 가만 두라 너희가 어찌하여 그를 괴롭게 하느
냐 그가 내게 좋은 일을 하였느니라
7 가난한 자들은 항상 너희와 함께 있으니 아무 때라도 원하는 대로
도울 수 있거니와 나는 너희와 항상 함께 있지 아니하리라
8 그는 힘을 다하여 내 몸에 향유를 부어 내 장례를 미리 준비하였
느니라
9 내가 진실로 너희에게 이르노니 온 천하에 어디서든지 복음이 전파
되는 곳에는 이 여자가 행한 일도 말하여 그를 기억하리라 하시니라

유다가 배반하다(마 26:14-16; 눅 22:3-6)

10 열둘 중의 하나인 가룟 유다가 예수를 넘겨 주려고 대제사장들에
게 가매
11 그들이 듣고 기뻐하여 돈을 주기로 약속하니 유다가 예수를 어떻
게 넘겨 줄까 하고 그 기회를 찾더라

제자들과 함께 유월절을 지키시다(마 26:17-25; 눅 22:7-14, 21-23; 요 13:21-30)

12 무교절의 첫날 곧 유월절 양 잡는 날에 제자들이 예수께 여짜오되
우리가 어디로 가서 선생님께서 유월절 음식을 잡수시게 준비하
기를 원하시나이까 하매

4

5

6

7

8

9

유다가 배반하다(마 26:14-16; 눅 22:3-6)

10

11

제자들과 함께 유월절을 지키시다(마 26:17-25; 눅 22:7-14, 21-23; 요 13:21-30)

12

예수님의 예루살렘 사역

11장 1절-15장 47절

14장

13 예수께서 제자 중의 둘을 보내시며 이르시되 성내로 들어가라 그
리하면 물 한 동이를 가지고 가는 사람을 만나리니 그를 따라가서
14 어디든지 그가 들어가는 그 집 주인에게 이르되 선생님의 말씀이
내가 내 제자들과 함께 유월절 음식을 먹을 나의 객실이 어디 있
느냐 하시더라 하라
15 그리하면 자리를 펴고 준비한 큰 다락방을 보이리니 거기서 우리
를 위하여 준비하라 하시니
16 제자들이 나가 성내로 들어가서 예수께서 하시던 말씀대로 만나
유월절 음식을 준비하니라
17 저물매 그 열둘을 데리시고 가서
18 다 앉아 먹을 때에 예수께서 이르시되 내가 진실로 너희에게 이르
노니 너희 중의 한 사람 곧 나와 함께 먹는 자가 나를 팔리라 하신대
19 그들이 근심하며 하나씩 하나씩 나는 아니지요 하고 말하기 시작
하니
20 그들에게 이르시되 열둘 중의 하나 곧 나와 함께 그릇에 손을 넣
는 자니라
21 인자는 자기에 대하여 기록된 대로 가거니와 인자를 파는 그 사람
에게는 화가 있으리로다 그 사람은 차라리 나지 아니하였더라면
자기에게 좋을 뻔하였느니라 하시니라

마지막 만찬(마 26:26-30; 눅 22:15-20; 고전 11:23-25)

22 그들이 먹을 때에 예수께서 떡을 가지사 축복하시고 떼어 제자들
에게 주시며 이르시되 받으라 이것은 내 몸이니라 하시고

13

14

15

16

17

18

19

20

21

마지막 만찬(마 26:26-30; 눅 22:15-20; 고전 11:23-25)

22

예수님의 예루살렘 사역

11장 1절-15장 47절

14장

23 또 잔을 가지사 감사 기도 하시고 그들에게 주시니 다 이를 마시매
24 이르시되 이것은 많은 사람을 위하여 흘리는 나의 피 곧 언약의
피니라
25 진실로 너희에게 이르노니 내가 포도나무에서 난 것을 하나님
나라에서 새 것으로 마시는 날까지 다시 마시지 아니하리라 하
시니라
26 이에 그들이 찬미하고 감람 산으로 가니라

베드로가 부인할 것을 예언하시다(마 26:31-35; 눅 22:31-34; 요 13:36-38)

27 예수께서 제자들에게 이르시되 너희가 다 나를 버리리라 이는 기
록된 바 내가 목자를 치리니 양들이 흩어지리라 하였음이니라
28 그러나 내가 살아난 후에 너희보다 먼저 갈릴리로 가리라
29 베드로가 여짜오되 다 버릴지라도 나는 그리하지 않겠나이다
30 예수께서 이르시되 내가 진실로 네게 이르노니 오늘 이 밤 닭이
두 번 울기 전에 네가 세 번 나를 부인하리라
31 베드로가 힘있게 말하되 내가 주와 함께 죽을지언정 주를 부인하
지 않겠나이다 하고 모든 제자도 이와 같이 말하니라

겟세마네에서 기도하시다(마 26:36-46; 눅 22:39-46)

32 그들이 겟세마네라 하는 곳에 이르매 예수께서 제자들에게 이르
시되 내가 기도할 동안에 너희는 여기 앉아 있으라 하시고
33 베드로와 야고보와 요한을 데리고 가실새 심히 놀라시며 슬퍼하사

23

24

25

26

베드로가 부인할 것을 예언하시다(마 26:31-35; 눅 22:31-34; 요 13:36-38)

27

28

29

30

31

겟세마네에서 기도하시다(마 26:36-46; 눅 22:39-46)

32

33

14장

34 말씀하시되 내 마음이 심히 고민하여 죽게 되었으니 너희는 여기
머물러 깨어 있으라 하시고
35 조금 나아가사 땅에 엎드리어 될 수 있는 대로 이 때가 자기에게
서 지나가기를 구하여
36 이르시되 아빠 아버지여 아버지께는 모든 것이 가능하오니 이 잔
을 내게서 옮기시옵소서 그러나 나의 원대로 마시옵고 아버지의
원대로 하옵소서 하시고
37 돌아오사 제자들이 자는 것을 보시고 베드로에게 말씀하시되 시
몬아 자느냐 네가 한 시간도 깨어 있을 수 없더냐
38 시험에 들지 않게 깨어 있어 기도하라 마음에는 원이로되 육신이
약하도다 하시고
39 다시 나아가 동일한 말씀으로 기도하시고
40 다시 오사 보신즉 그들이 자니 이는 그들의 눈이 심히 피곤함이라
그들이 예수께 무엇으로 대답할 줄을 알지 못하더라
41 세 번째 오사 그들에게 이르시되 이제는 자고 쉬라 그만 되었다
때가 왔도다 보라 인자가 죄인의 손에 팔리느니라
42 일어나라 함께 가자 보라 나를 파는 자가 가까이 왔느니라

잡히시다(마 26:47-56; 눅 22:47-53; 요 18:2-12)

43 예수께서 말씀하실 때에 곧 열둘 중의 하나인 유다가 왔는데 대제
사장들과 서기관들과 장로들에게서 파송된 무리가 검과 몽치를
가지고 그와 함께 하였더라

34

35

36

37

38

39

40

41

42

잡히시다(마 26:47-56; 눅 22:47-53; 요 18:2-12)

43

예수님의 예루살렘 사역

11장 1절–15장 47절

14장

44 예수를 파는 자가 이미 그들과 군호를 짜 이르되 내가 입맞추는
자가 그이니 그를 잡아 단단히 끌어 가라 하였는지라
45 이에 와서 곧 예수께 나아와 랍비여 하고 입을 맞추니
46 그들이 예수께 손을 대어 잡거늘
47 곁에 서 있는 자 중의 한 사람이 칼을 빼어 대제사장의 종을 쳐 그
귀를 떨어뜨리니라
48 예수께서 무리에게 말씀하여 이르시되 너희가 강도를 잡는 것 같
이 검과 몽치를 가지고 나를 잡으러 나왔느냐
49 내가 날마다 너희와 함께 성전에 있으면서 가르쳤으되 너희가 나
를 잡지 아니하였도다 그러나 이는 성경을 이루려 함이니라 하시
더라
50 제자들이 다 예수를 버리고 도망하니라

한 청년이 벗은 몸으로 도망하다

51 한 청년이 벗은 몸에 베 홑이불을 두르고 예수를 따라가다가 무리
에게 잡히매
52 베 홑이불을 버리고 벗은 몸으로 도망하니라

공회 앞에 서시다(마 26:57-68; 눅 22:54-55, 63-71; 요 18:13-14, 19-24)

53 그들이 예수를 끌고 대제사장에게로 가니 대제사장들과 장로들
과 서기관들이 다 모이더라
54 베드로가 예수를 멀찍이 따라 대제사장의 집 뜰 안까지 들어가서
아랫사람들과 함께 앉아 불을 쬐더라

44

45

46

47

48

49

50

한 청년이 벗은 몸으로 도망하다

51

52

공회 앞에 서시다(마 26:57-68; 눅 22:54-55, 63-71; 요 18:13-14, 19-24)

53

54

예수님의 예루살렘 사역

11장 1절–15장 47절

14장

55 대제사장들과 온 공회가 예수를 죽이려고 그를 칠 증거를 찾되 얻
지 못하니
56 이는 예수를 쳐서 거짓 증언 하는 자가 많으나 그 증언이 서로 일
치하지 못함이라
57 어떤 사람들이 일어나 예수를 쳐서 거짓 증언 하여 이르되
58 우리가 그의 말을 들으니 손으로 지은 이 성전을 내가 헐고 손으
로 짓지 아니한 다른 성전을 사흘 동안에 지으리라 하더라 하되
59 그 증언도 서로 일치하지 않더라
60 대제사장이 가운데 일어서서 예수에게 물어 이르되 너는 아무 대
답도 없느냐 이 사람들이 너를 치는 증거가 어떠하냐 하되
61 침묵하고 아무 대답도 아니하시거늘 대제사장이 다시 물어 이르
되 네가 찬송 받을 이의 아들 그리스도냐
62 예수께서 이르시되 내가 그니라 인자가 권능자의 우편에 앉은 것
과 하늘 구름을 타고 오는 것을 너희가 보리라 하시니
63 대제사장이 자기 옷을 찢으며 이르되 우리가 어찌 더 증인을 요구
하리요
64 그 신성모독 하는 말을 너희가 들었도다 너희는 어떻게 생각하느
냐 하니 그들이 다 예수를 사형에 해당한 자로 정죄하고
65 어떤 사람은 그에게 침을 뱉으며 그의 얼굴을 가리고 주먹으로
치며 이르되 선지자 노릇을 하라 하고 하인들은 손바닥으로 치
더라

55

56

57

58

59

60

61

62

63

64

65

14장

베드로가 예수를 알지 못한다고 하다(마 26:69-75; 눅 22:56-62; 요 18:15-18, 25-27)

66 베드로는 아랫뜰에 있더니 대제사장의 여종 하나가 와서
67 베드로가 불 쬐고 있는 것을 보고 주목하여 이르되 너도 나사렛 예수와 함께 있었도다 하거늘
68 베드로가 부인하여 이르되 나는 네가 말하는 것이 무엇인지 알지도 못하고 깨닫지도 못하겠노라 하며 앞뜰로 나갈새
69 여종이 그를 보고 곁에 서 있는 자들에게 다시 이르되 이 사람은 그 도당이라 하되
70 또 부인하더라 조금 후에 곁에 서 있는 사람들이 다시 베드로에게 말하되 너도 갈릴리 사람이니 참으로 그 도당이니라
71 그러나 베드로가 저주하며 맹세하되 나는 너희가 말하는 이 사람을 알지 못하노라 하니
72 닭이 곧 두 번째 울더라 이에 베드로가 예수께서 자기에게 하신 말씀 곧 닭이 두 번 울기 전에 네가 세 번 나를 부인하리라 하심이 기억되어 그 일을 생각하고 울었더라

15장

빌라도가 예수께 묻다(마 27:1-2, 11-14; 눅 23:1-5; 요 18:28-38)

1 새벽에 대제사장들이 즉시 장로들과 서기관들 곧 온 공회와 더불어 의논하고 예수를 결박하여 끌고 가서 빌라도에게 넘겨 주니
2 빌라도가 묻되 네가 유대인의 왕이냐 예수께서 대답하여 이르시되 네 말이 옳도다 하시매
3 대제사장들이 여러 가지로 고발하는지라

베드로가 예수를 알지 못한다고 하다(마 26:69-75; 눅 22:56-62; 요 18:15-18, 25-27)

66

67

68

69

70

71

72

[15장] 빌라도가 예수께 묻다(마 27:1-2, 11-14; 눅 23:1-5; 요 18:28-38)

1

2

3

15장

4 빌라도가 또 물어 이르되 아무 대답도 없느냐 그들이 얼마나 많은
것으로 너를 고발하는가 보라 하되
5 예수께서 다시 아무 말씀으로도 대답하지 아니하시니 빌라도가
놀랍게 여기더라

십자가에 못 박히게 예수를 넘기다(마 27:15-26; 눅 23:13-25; 요 18:39-19:16)

6 명절이 되면 백성들이 요구하는 대로 죄수 한 사람을 놓아 주는
전례가 있더니
7 민란을 꾸미고 그 민란중에 살인하고 체포된 자 중에 바라바라 하
는 자가 있는지라
8 무리가 나아가서 전례대로 하여 주기를 요구한대
9 빌라도가 대답하여 이르되 너희는 내가 유대인의 왕을 너희에게
놓아 주기를 원하느냐 하니
10 이는 그가 대제사장들이 시기로 예수를 넘겨 준 줄 앎이러라
11 그러나 대제사장들이 무리를 충동하여 도리어 바라바를 놓아 달
라 하게 하니
12 빌라도가 또 대답하여 이르되 그러면 너희가 유대인의 왕이라 하
는 이를 내가 어떻게 하랴
13 그들이 다시 소리 지르되 그를 십자가에 못 박게 하소서
14 빌라도가 이르되 어찜이냐 무슨 악한 일을 하였느냐 하니 더욱 소
리 지르되 십자가에 못 박게 하소서 하는지라
15 빌라도가 무리에게 만족을 주고자 하여 바라바는 놓아 주고 예수
는 채찍질하고 십자가에 못 박히게 넘겨 주니라

4

5

십자가에 못 박히게 예수를 넘기다(마 27:15-26; 눅 23:13-25; 요 18:39-19:16)

6

7

8

9

10

11

12

13

14

15

마가복음

예수님의 예루살렘 사역

11장 1절-15장 47절

15장

군인들이 예수를 희롱하다(마 27:27-31; 요 19:2-3)

16 군인들이 예수를 끌고 브라이도리온이라는 뜰 안으로 들어가서
온 군대를 모으고
17 예수에게 자색 옷을 입히고 가시관을 엮어 씌우고
18 경례하여 이르되 유대인의 왕이여 평안할지어다 하고
19 갈대로 그의 머리를 치며 침을 뱉으며 꿇어 절하더라
20 희롱을 다 한 후 자색 옷을 벗기고 도로 그의 옷을 입히고 십자가
에 못 박으려고 끌고 나가니라

십자가에 못 박히시다(마 27:32-44; 눅 23:26-43; 요 19:17-27)

21 마침 알렉산더와 루포의 아버지인 구레네 사람 시몬이 시골로부
터 와서 지나가는데 그들이 그를 억지로 같이 가게 하여 예수의
십자가를 지우고
22 예수를 끌고 골고다라 하는 곳(번역하면 해골의 곳)에 이르러
23 몰약을 탄 포도주를 주었으나 예수께서 받지 아니하시니라
24 십자가에 못 박고 그 옷을 나눌새 누가 어느 것을 가질까 하여 제
비를 뽑더라
25 때가 제삼시가 되어 십자가에 못 박으니라
26 그 위에 있는 죄패에 유대인의 왕이라 썼고
27 강도 둘을 예수와 함께 십자가에 못 박으니 하나는 그의 우편에,
하나는 좌편에 있더라
28 (없음)

군인들이 예수를 희롱하다(마 27:27-31; 요 19:2-3)

16

17

18

19

20

십자가에 못 박히시다(마 27:32-44; 눅 23:26-43; 요 19:17-27)

21

22

23

24

25

26

27

28 (없음)

예수님의 예루살렘 사역

11장 1절-15장 47절

15장

29 지나가는 자들은 자기 머리를 흔들며 예수를 모욕하여 이르되 아
하 성전을 헐고 사흘에 짓는다는 자여
30 네가 너를 구원하여 십자가에서 내려오라 하고
31 그와 같이 대제사장들도 서기관들과 함께 희롱하며 서로 말하되
그가 남은 구원하였으되 자기는 구원할 수 없도다
32 이스라엘의 왕 그리스도가 지금 십자가에서 내려와 우리가 보고
믿게 할지어다 하며 함께 십자가에 못 박힌 자들도 예수를 욕하
더라

숨지시다(마 27:45-61; 눅 23:44-56; 요 19:28-30, 38-42)

33 제육시가 되매 온 땅에 어둠이 임하여 제구시까지 계속하더니
34 제구시에 예수께서 크게 소리 지르시되 엘리 엘리 라마 사박다니
하시니 이를 번역하면 나의 하나님, 나의 하나님 어찌하여 나를
버리셨나이까 하는 뜻이라
35 곁에 섰던 자 중 어떤 이들이 듣고 이르되 보라 엘리야를 부른다
하고
36 한 사람이 달려가서 해면에 신 포도주를 적시어 갈대에 꿰어 마시
게 하고 이르되 가만 두라 엘리야가 와서 그를 내려 주나 보자 하
더라
37 예수께서 큰 소리를 지르시고 숨지시니라
38 이에 성소 휘장이 위로부터 아래까지 찢어져 둘이 되니라
39 예수를 향하여 섰던 백부장이 그렇게 숨지심을 보고 이르되 이 사
람은 진실로 하나님의 아들이었도다 하더라

29

30

31

32

숨지시다(마 27:45-61; 눅 23:44-56; 요 19:28-30, 38-42)

33

34

35

36

37

38

39

마가복음

예수님의 예루살렘 사역

11장 1절-15장 47절

예수님의 구원사역 완성

16장 1절-20절

15장

40 멀리서 바라보는 여자들도 있었는데 그 중에 막달라 마리아와 또
작은 야고보와 요세의 어머니 마리아와 또 살로메가 있었으니
41 이들은 예수께서 갈릴리에 계실 때에 따르며 섬기던 자들이요 또
이 외에 예수와 함께 예루살렘에 올라온 여자들도 많이 있었더라

요셉이 예수의 시체를 무덤에 넣어 두다(마 27:57-61; 눅 23:50-56; 요 19:38-42)

42 이 날은 준비일 곧 안식일 전날이므로 저물었을 때에
43 아리마대 사람 요셉이 와서 당돌히 빌라도에게 들어가 예수의 시
체를 달라 하니 이 사람은 존경 받는 공회원이요 하나님의 나라를
기다리는 자라
44 빌라도는 예수께서 벌써 죽었을까 하고 이상히 여겨 백부장을 불
러 죽은 지가 오래냐 묻고
45 백부장에게 알아 본 후에 요셉에게 시체를 내주는지라
46 요셉이 세마포를 사서 예수를 내려다가 그것으로 싸서 바위 속에
판 무덤에 넣어 두고 돌을 굴려 무덤 문에 놓으매
47 막달라 마리아와 요세의 어머니 마리아가 예수 둔 곳을 보더라

16장

살아나시다(마 28:1-10; 눅 24:1-12; 요 20:1-18)

1 안식일이 지나매 막달라 마리아와 야고보의 어머니 마리아와 또
살로메가 가서 예수께 바르기 위하여 향품을 사다 두었다가
2 안식 후 첫날 매우 일찍이 해 돋을 때에 그 무덤으로 가며
3 서로 말하되 누가 우리를 위하여 무덤 문에서 돌을 굴려 주리요
하더니

40

41

요셉이 예수의 시체를 무덤에 넣어 두다(마 27:57-61; 눅 23:50-56; 요 19:38-42)

42

43

44

45

46

47

[16장] 살아나시다(마 28:1-10; 눅 24:1-12; 요 20:1-18)

1

2

3

예수님의 구원사역 완성

16장 1절-20절

16장

4 눈을 들어본즉 벌써 돌이 굴려져 있는데 그 돌이 심히 크더라
5 무덤에 들어가서 흰 옷을 입은 한 청년이 우편에 앉은 것을 보고
놀라매
6 청년이 이르되 놀라지 말라 너희가 십자가에 못 박히신 나사렛 예
수를 찾는구나 그가 살아나셨고 여기 계시지 아니하니라 보라 그
를 두었던 곳이니라
7 가서 그의 제자들과 베드로에게 이르기를 예수께서 너희보다 먼
저 갈릴리로 가시나니 전에 너희에게 말씀하신 대로 너희가 거기
서 뵈오리라 하라 하는지라
8 여자들이 몹시 놀라 떨며 나와 무덤에서 도망하고 무서워하여 아
무에게 아무 말도 하지 못하더라

막달라 마리아에게 보이시다(마 28:9-10; 요 20:11-18)

9 [예수께서 안식 후 첫날 이른 아침에 살아나신 후 전에 일곱 귀신
을 쫓아내어 주신 막달라 마리아에게 먼저 보이시니
10 마리아가 가서 예수와 함께 하던 사람들이 슬퍼하며 울고 있는 중
에 이 일을 알리매
11 그들은 예수께서 살아나셨다는 것과 마리아에게 보이셨다는 것
을 듣고도 믿지 아니하니라

두 제자에게 나타나시다(눅 24:13-35)

12 그 후에 그들 중 두 사람이 걸어서 시골로 갈 때에 예수께서 다른
모양으로 그들에게 나타나시니

4

5

6

7

8

막달라 마리아에게 보이시다(마 28:9-10; 요 20:11-18)

9

10

11

두 제자에게 나타나시다(눅 24:13-35)

12

마가복음

예수님의 구원사역 완성

16장 1절-20절

16장

13 두 사람이 가서 남은 제자들에게 알리었으되 역시 믿지 아니하니라

만민에게 복음을 전파하라(마 28:16-20; 눅 24:36-49; 요 20:19-23; 행 1:6-8)

14 그 후에 열한 제자가 음식 먹을 때에 예수께서 그들에게 나타나사
그들의 믿음 없는 것과 마음이 완악한 것을 꾸짖으시니 이는 자기
가 살아난 것을 본 자들의 말을 믿지 아니함일러라
15 또 이르시되 너희는 온 천하에 다니며 만민에게 복음을 전파하라
16 믿고 침(세)례를 받는 사람은 구원을 얻을 것이요 믿지 않는 사람
은 정죄를 받으리라
17 믿는 자들에게는 이런 표적이 따르리니 곧 그들이 내 이름으로 귀
신을 쫓아내며 새 방언을 말하며
18 뱀을 집어올리며 무슨 독을 마실지라도 해를 받지 아니하며 병든
사람에게 손을 얹은즉 나으리라 하시더라

하늘로 올려지시다(눅 24:50-53; 행 1:9-11)

19 주 예수께서 말씀을 마치신 후에 하늘로 올려지사 하나님 우편에
앉으시니라
20 제자들이 나가 두루 전파할새 주께서 함께 역사하사 그 따르는 표
적으로 말씀을 확실히 증언하시니라]

13

만민에게 복음을 전파하라(마 28:16-20; 눅 24:36-49; 요 20:19-23; 행 1:6-8)

14

15

16

17

18

하늘로 올려지시다(눅 24:50-53; 행 1:9-11)

19

20

[기도와 묵상]

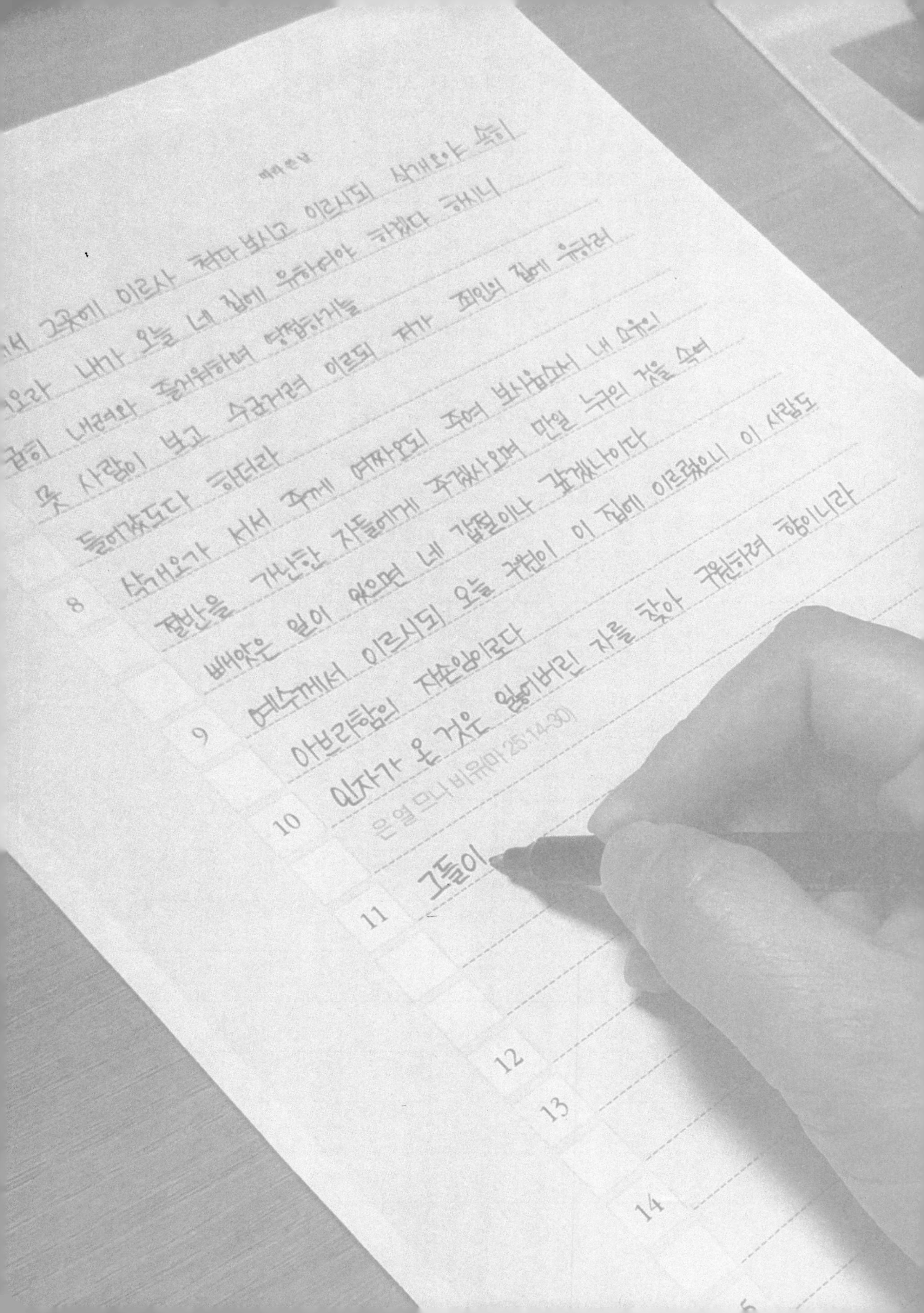
그곳에 이르사 쳐다 보시고 이르시되 삭개오야 속히
내가 오늘 네 집에 유하여야 하겠다 하시니
내려와 즐거워하며 영접하거늘
뭇 사람이 보고 수군거려 이르되 저가 죄인의 집에 유하러
들어갔도다 하더라
8 삭개오가 서서 주께 여짜오되 주여 보시옵소서 내 소유의
절반을 가난한 자들에게 주겠사오며 만일 누구의 것을 속여
빼앗은 일이 있으면 네 갑절이나 갚겠나이다
9 예수께서 이르시되 오늘 구원이 이 집에 이르렀으니 이 사람도
아브라함의 자손임이로다
10 인자가 온 것은 잃어버린 자를 찾아 구원하려 함이니라
므나 비유(25:14-30)
11 그들이
12
13
14

누가복음

손끝에서 피어나는 종이자
인자(人子)이신 그리스도 이야기

누가복음
따라쓰기

누가복음

서문

1장 1절-4절

예수님의 오심

1장 5절-2장 52절

1장

데오빌로 각하에게

1 우리 중에 이루어진 사실에 대하여
2 처음부터 목격자와 말씀의 일꾼 된 자들이 전하여 준 그대로 내력
을 저술하려고 붓을 든 사람이 많은지라
3 그 모든 일을 근원부터 자세히 미루어 살핀 나도 데오빌로 각하에
게 차례대로 써 보내는 것이 좋은 줄 알았노니
4 이는 각하가 알고 있는 바를 더 확실하게 하려 함이로라

침(세)례 요한의 출생을 예고하다

5 유대 왕 헤롯 때에 아비야 반열에 제사장 한 사람이 있었으니 이
름은 사가랴요 그의 아내는 아론의 자손이니 이름은 엘리사벳
이라
6 이 두 사람이 하나님 앞에 의인이니 주의 모든 계명과 규례대로
흠이 없이 행하더라
7 엘리사벳이 잉태를 못하므로 그들에게 자식이 없고 두 사람의 나
이가 많더라
8 마침 사가랴가 그 반열의 차례대로 하나님 앞에서 제사장의 직무
를 행할새
9 제사장의 전례를 따라 제비를 뽑아 주의 성전에 들어가 분향하고
10 모든 백성은 그 분향하는 시간에 밖에서 기도하더니
11 주의 사자가 그에게 나타나 향단 우편에 선지라
12 사가랴가 보고 놀라며 무서워하니

[1장] 데오빌로 각하에게

1

2

3

4

침(세)례 요한의 출생을 예고하다

5

6

7

8

9

10

11

12

누가복음

예수님의 오심

1장 5절-2장 52절

1장

13 천사가 그에게 이르되 사가랴여 무서워하지 말라 너의 간구함이
들린지라 네 아내 엘리사벳이 네게 아들을 낳아 주리니 그 이름을
요한이라 하라
14 너도 기뻐하고 즐거워할 것이요 많은 사람도 그의 태어남을 기뻐
하리니
15 이는 그가 주 앞에 큰 자가 되며 포도주나 독한 술을 마시지 아니
하며 모태로부터 성령의 충만함을 받아
16 이스라엘 자손을 주 곧 그들의 하나님께로 많이 돌아오게 하겠음
이라
17 그가 또 엘리야의 심령과 능력으로 주 앞에 먼저 와서 아버지의
마음을 자식에게, 거스르는 자를 의인의 슬기에 돌아오게 하고 주
를 위하여 세운 백성을 준비하리라
18 사가랴가 천사에게 이르되 내가 이것을 어떻게 알리요 내가 늙고
아내도 나이가 많으니이다
19 천사가 대답하여 이르되 나는 하나님 앞에 서 있는 가브리엘이라
이 좋은 소식을 전하여 네게 말하라고 보내심을 받았노라
20 보라 이 일이 되는 날까지 네가 말 못하는 자가 되어 능히 말을 못
하리니 이는 네가 내 말을 믿지 아니함이거니와 때가 이르면 내
말이 이루어지리라 하더라
21 백성들이 사가랴를 기다리며 그가 성전 안에서 지체함을 이상히
여기더라

13

14

15

16

17

18

19

20

21

누가복음

예수님의 오심

1장 5절-2장 52절

1장

22 그가 나와서 그들에게 말을 못하니 백성들이 그가 성전 안에서 환
상을 본 줄 알았더라 그가 몸짓으로 뜻을 표시하며 그냥 말 못하
는 대로 있더니
23 그 직무의 날이 다 되매 집으로 돌아가니라
24 이 후에 그의 아내 엘리사벳이 잉태하고 다섯 달 동안 숨어 있으
며 이르되
25 주께서 나를 돌보시는 날에 사람들 앞에서 내 부끄러움을 없게 하
시려고 이렇게 행하심이라 하더라

예수의 나심을 예고하다

26 여섯째 달에 천사 가브리엘이 하나님의 보내심을 받아 갈릴리 나
사렛이란 동네에 가서
27 다윗의 자손 요셉이라 하는 사람과 약혼한 처녀에게 이르니 그 처
녀의 이름은 마리아라
28 그에게 들어가 이르되 은혜를 받은 자여 평안할지어다 주께서 너
와 함께 하시도다 하니
29 처녀가 그 말을 듣고 놀라 이런 인사가 어찌함인가 생각하매
30 천사가 이르되 마리아여 무서워하지 말라 네가 하나님께 은혜를
입었느니라
31 보라 네가 잉태하여 아들을 낳으리니 그 이름을 예수라 하라
32 그가 큰 자가 되고 지극히 높으신 이의 아들이라 일컬어질 것이요
주 하나님께서 그 조상 다윗의 왕위를 그에게 주시리니
33 영원히 야곱의 집을 왕으로 다스리실 것이며 그 나라가 무궁하리라

22

23
24

25

예수의 나심을 예고하다
26

27

28

29
30

31
32

33

예수님의 오심

1장 5절–2장 52절

1장

34 마리아가 천사에게 말하되 나는 남자를 알지 못하니 어찌 이 일이
있으리이까
35 천사가 대답하여 이르되 성령이 네게 임하시고 지극히 높으신 이
의 능력이 너를 덮으시리니 이러므로 나실 바 거룩한 이는 하나님
의 아들이라 일컬어지리라
36 보라 네 친족 엘리사벳도 늙어서 아들을 배었느니라 본래 임신하
지 못한다고 알려진 이가 이미 여섯 달이 되었나니
37 대저 하나님의 모든 말씀은 능하지 못하심이 없느니라
38 마리아가 이르되 주의 여종이오니 말씀대로 내게 이루어지이다
하매 천사가 떠나가니라

마리아가 엘리사벳을 방문하다

39 이 때에 마리아가 일어나 빨리 산골로 가서 유대 한 동네에 이르러
40 사가랴의 집에 들어가 엘리사벳에게 문안하니
41 엘리사벳이 마리아가 문안함을 들으매 아이가 복중에서 뛰노는
지라 엘리사벳이 성령의 충만함을 받아
42 큰 소리로 불러 이르되 여자 중에 네가 복이 있으며 네 태중의 아
이도 복이 있도다
43 내 주의 어머니가 내게 나아오니 이 어찌 된 일인가
44 보라 네 문안하는 소리가 내 귀에 들릴 때에 아이가 내 복중에서
기쁨으로 뛰놀았도다
45 주께서 하신 말씀이 반드시 이루어지리라고 믿은 그 여자에게 복
이 있도다

34

35

36

37

38

마리아가 엘리사벳을 방문하다

39

40

41

42

43

44

45

예수님의 오심

1장 5절-2장 52절

1장

마리아의 찬가

46 마리아가 이르되 내 영혼이 주를 찬양하며
47 내 마음이 하나님 내 구주를 기뻐하였음은
48 그의 여종의 비천함을 돌보셨음이라 보라 이제 후로는 만세에 나
를 복이 있다 일컬으리로다
49 능하신 이가 큰 일을 내게 행하셨으니 그 이름이 거룩하시며
50 긍휼하심이 두려워하는 자에게 대대로 이르는도다
51 그의 팔로 힘을 보이사 마음의 생각이 교만한 자들을 흩으셨고
52 권세 있는 자를 그 위에서 내리치셨으며 비천한 자를 높이셨고
53 주리는 자를 좋은 것으로 배불리셨으며 부자는 빈 손으로 보내셨
도다
54 그 종 이스라엘을 도우사 긍휼히 여기시고 기억하시되
55 우리 조상에게 말씀하신 것과 같이 아브라함과 그 자손에게 영원
히 하시리로다 하니라
56 마리아가 석 달쯤 함께 있다가 집으로 돌아가니라

침(세)례 요한의 출생

57 엘리사벳이 해산할 기한이 차서 아들을 낳으니
58 이웃과 친족이 주께서 그를 크게 긍휼히 여기심을 듣고 함께 즐거
워하더라
59 팔 일이 되매 아이를 할례하러 와서 그 아버지의 이름을 따라 사
가랴라 하고자 하더니
60 그 어머니가 대답하여 이르되 아니라 요한이라 할 것이라 하매

마리아의 찬가

46

47

48

49

50

51

52

53

54

55

56

침(세)례 요한의 출생

57

58

59

60

예수님의 오심

1장 5절-2장 52절

1장

61 그들이 이르되 네 친족 중에 이 이름으로 이름한 이가 없다 하고
62 그의 아버지께 몸짓하여 무엇으로 이름을 지으려 하는가 물으니
63 그가 서판을 달라 하여 그 이름을 요한이라 쓰매 다 놀랍게 여기
더라
64 이에 그 입이 곧 열리고 혀가 풀리며 말을 하여 하나님을 찬송하니
65 그 근처에 사는 자가 다 두려워하고 이 모든 말이 온 유대 산골에
두루 퍼지매
66 듣는 사람이 다 이 말을 마음에 두며 이르되 이 아이가 장차 어찌
될까 하니 이는 주의 손이 그와 함께 하심이러라

사가랴의 예언

67 그 부친 사가랴가 성령의 충만함을 받아 예언하여 이르되
68 찬송하리로다 주 이스라엘의 하나님이여 그 백성을 돌보사 속량
하시며
69 우리를 위하여 구원의 뿔을 그 종 다윗의 집에 일으키셨으니
70 이것은 주께서 예로부터 거룩한 선지자의 입으로 말씀하신 바와
같이
71 우리 원수에게서와 우리를 미워하는 모든 자의 손에서 구원하시
는 일이라
72 우리 조상을 긍휼히 여기시며 그 거룩한 언약을 기억하셨으니
73 곧 우리 조상 아브라함에게 하신 맹세라
74 우리가 원수의 손에서 건지심을 받고

61

62

63

64

65

66

사가랴의 예언

67

68

69

70

71

72

73

74

예수님의 오심

1장 5절-2장 52절

1장

75 종신토록 주의 앞에서 성결과 의로 두려움이 없이 섬기게 하리라
하셨도다
76 이 아이여 네가 지극히 높으신 이의 선지자라 일컬음을 받고 주
앞에 앞서 가서 그 길을 준비하여
77 주의 백성에게 그 죄 사함으로 말미암는 구원을 알게 하리니
78 이는 우리 하나님의 긍휼로 인함이라 이로써 돋는 해가 위로부터
우리에게 임하여
79 어둠과 죽음의 그늘에 앉은 자에게 비치고 우리 발을 평강의 길로
인도하시리로다 하니라
80 아이가 자라며 심령이 강하여지며 이스라엘에게 나타나는 날까
지 빈 들에 있으니라

2장

예수의 나심(마 1:18-25)

1 그 때에 가이사 아구스도가 영을 내려 천하로 다 호적하라 하였으니
2 이 호적은 구레뇨가 수리아 총독이 되었을 때에 처음 한 것이라
3 모든 사람이 호적하러 각각 고향으로 돌아가매
4 요셉도 다윗의 집 족속이므로 갈릴리 나사렛 동네에서 유대를 향
하여 베들레헴이라 하는 다윗의 동네로
5 그 약혼한 마리아와 함께 호적하러 올라가니 마리아가 이미 잉태
하였더라
6 거기 있을 그 때에 해산할 날이 차서
7 첫아들을 낳아 강보로 싸서 구유에 뉘었으니 이는 여관에 있을 곳
이 없음이러라

75

76

77

78

79

80

[2장] 예수의 나심(마 1:18-25)

1

2

3

4

5

6

7

예수님의 오심

1장 5절-2장 52절

2장

목자들이 예수 탄생 소식을 듣다

8 그 지역에 목자들이 밤에 밖에서 자기 양 떼를 지키더니
9 주의 사자가 곁에 서고 주의 영광이 그들을 두루 비추매 크게 무
서워하는지라
10 천사가 이르되 무서워하지 말라 보라 내가 온 백성에게 미칠 큰
기쁨의 좋은 소식을 너희에게 전하노라
11 오늘 다윗의 동네에 너희를 위하여 구주가 나셨으니 곧 그리스도
주시니라
12 너희가 가서 강보에 싸여 구유에 뉘어 있는 아기를 보리니 이것이
너희에게 표적이니라 하더니
13 홀연히 수많은 천군이 그 천사와 함께 하나님을 찬송하여 이르되
14 지극히 높은 곳에서는 하나님께 영광이요 땅에서는 하나님이 기
뻐하신 사람들 중에 평화로다 하니라
15 천사들이 떠나 하늘로 올라가니 목자가 서로 말하되 이제 베들레
헴으로 가서 주께서 우리에게 알리신 바 이 이루어진 일을 보자
하고
16 빨리 가서 마리아와 요셉과 구유에 누인 아기를 찾아서
17 보고 천사가 자기들에게 이 아기에 대하여 말한 것을 전하니
18 듣는 자가 다 목자들이 그들에게 말한 것들을 놀랍게 여기되
19 마리아는 이 모든 말을 마음에 새기어 생각하니라
20 목자들은 자기들에게 이르던 바와 같이 듣고 본 그 모든 것으로
인하여 하나님께 영광을 돌리고 찬송하며 돌아가니라

목자들이 예수 탄생 소식을 듣다

8

9

10

11

12

13

14

15

16

17

18

19

20

예수님의 오심

1장 5절-2장 52절

2장

21 할례할 팔 일이 되매 그 이름을 예수라 하니 곧 잉태하기 전에 천
사가 일컬은 바러라

아기 예수의 정결예식

22 모세의 법대로 정결예식의 날이 차매 아기를 데리고 예루살렘에
올라가니
23 이는 주의 율법에 쓴 바 첫 태에 처음 난 남자마다 주의 거룩한 자
라 하리라 한 대로 아기를 주께 드리고
24 또 주의 율법에 말씀하신 대로 산비둘기 한 쌍이나 혹은 어린 집
비둘기 둘로 제사하려 함이더라
25 예루살렘에 시므온이라 하는 사람이 있으니 이 사람은 의롭고
경건하여 이스라엘의 위로를 기다리는 자라 성령이 그 위에 계
시더라
26 그가 주의 그리스도를 보기 전에는 죽지 아니하리라 하는 성령의
지시를 받았더니
27 성령의 감동으로 성전에 들어가매 마침 부모가 율법의 관례대로
행하고자 하여 그 아기 예수를 데리고 오는지라
28 시므온이 아기를 안고 하나님을 찬송하여 이르되
29 주재여 이제는 말씀하신 대로 종을 평안히 놓아 주시는도다
30 내 눈이 주의 구원을 보았사오니
31 이는 만민 앞에 예비하신 것이요
32 이방을 비추는 빛이요 주의 백성 이스라엘의 영광이니이다 하니
33 그의 부모가 그에 대한 말들을 놀랍게 여기더라

21

아기 예수의 정결예식

22

23

24

25

26

27

28

29

30

31

32

33

예수님의 오심

1장 5절-2장 52절

2장

34 시므온이 그들에게 축복하고 그의 어머니 마리아에게 말하여 이
르되 보라 이는 이스라엘 중 많은 사람을 패하거나 흥하게 하며
비방을 받는 표적이 되기 위하여 세움을 받았고
35 또 칼이 네 마음을 찌르듯 하리니 이는 여러 사람의 마음의 생각
을 드러내려 함이니라 하더라
36 또 아셀 지파 바누엘의 딸 안나라 하는 선지자가 있어 나이가 매
우 많았더라 그가 결혼한 후 일곱 해 동안 남편과 함께 살다가
37 과부가 되고 팔십사 세가 되었더라 이 사람이 성전을 떠나지 아니
하고 주야로 금식하며 기도함으로 섬기더니
38 마침 이 때에 나아와서 하나님께 감사하고 예루살렘의 속량을 바
라는 모든 사람에게 그에 대하여 말하니라
39 주의 율법을 따라 모든 일을 마치고 갈릴리로 돌아가 본 동네 나
사렛에 이르니라
40 아기가 자라며 강하여지고 지혜가 충만하며 하나님의 은혜가 그
의 위에 있더라

열두 살 시절의 예수

41 그의 부모가 해마다 유월절이 되면 예루살렘으로 가더니
42 예수께서 열두 살 되었을 때에 그들이 이 절기의 관례를 따라 올
라갔다가
43 그 날들을 마치고 돌아갈 때에 아이 예수는 예루살렘에 머무셨더
라 그 부모는 이를 알지 못하고

34

35

36

37

38

39

40

열두 살 시절의 예수

41

42

43

2장

44 동행 중에 있는 줄로 생각하고 하룻길을 간 후 친족과 아는 자 중
에서 찾되
45 만나지 못하매 찾으면서 예루살렘에 돌아갔더니
46 사흘 후에 성전에서 만난즉 그가 선생들 중에 앉으사 그들에게 듣
기도 하시며 묻기도 하시니
47 듣는 자가 다 그 지혜와 대답을 놀랍게 여기더라
48 그의 부모가 보고 놀라며 그의 어머니는 이르되 아이야 어찌하여
우리에게 이렇게 하였느냐 보라 네 아버지와 내가 근심하여 너를
찾았노라
49 예수께서 이르시되 어찌하여 나를 찾으셨나이까 내가 내 아버지
집에 있어야 될 줄을 알지 못하셨나이까 하시니
50 그 부모가 그가 하신 말씀을 깨닫지 못하더라
51 예수께서 함께 내려가사 나사렛에 이르러 순종하여 받드시더라
그 어머니는 이 모든 말을 마음에 두니라
52 예수는 지혜와 키가 자라가며 하나님과 사람에게 더욱 사랑스러
워 가시더라

3장

침(세)례 요한의 전파(마 3:1-12; 막 1:1-8; 요 1:19-28)

1 디베료 황제가 통치한 지 열다섯 해 곧 본디오 빌라도가 유대의
총독으로, 헤롯이 갈릴리의 분봉 왕으로, 그 동생 빌립이 이두래
와 드라고닛 지방의 분봉 왕으로, 루사니아가 아빌레네의 분봉 왕
으로,

44

45

46

47

48

49

50

51

52

[3장] 침(세)례 요한의 전파(마 3:1-12; 막 1:1-8; 요 1:19-28)

1

누가복음

공생애를 위한 준비

3장 1절-4장 13절

3장

2 안나스와 가야바가 대제사장으로 있을 때에 하나님의 말씀이 빈
들에서 사가랴의 아들 요한에게 임한지라
3 요한이 요단 강 부근 각처에 와서 죄 사함을 받게 하는 회개의 침
(세)례를 전파하니
4 선지자 이사야의 책에 쓴 바 광야에서 외치는 자의 소리가 있어
이르되 너희는 주의 길을 준비하라 그의 오실 길을 곧게 하라
5 모든 골짜기가 메워지고 모든 산과 작은 산이 낮아지고 굽은 것이
곧아지고 험한 길이 평탄하여질 것이요
6 모든 육체가 하나님의 구원하심을 보리라 함과 같으니라
7 요한이 침(세)례 받으러 나아오는 무리에게 이르되 독사의 자식
들아 누가 너희에게 일러 장차 올 진노를 피하라 하더냐
8 그러므로 회개에 합당한 열매를 맺고 속으로 아브라함이 우리 조
상이라 말하지 말라 내가 너희에게 이르노니 하나님이 능히 이 돌
들로도 아브라함의 자손이 되게 하시리라
9 이미 도끼가 나무 뿌리에 놓였으니 좋은 열매 맺지 아니하는 나무
마다 찍혀 불에 던져지리라
10 무리가 물어 이르되 그러면 우리가 무엇을 하리이까
11 대답하여 이르되 옷 두 벌 있는 자는 옷 없는 자에게 나눠 줄 것이
요 먹을 것이 있는 자도 그렇게 할 것이니라 하고
12 세리들도 침(세)례를 받고자 하여 와서 이르되 선생이여 우리는
무엇을 하리이까 하매
13 이르되 부과된 것 외에는 거두지 말라 하고

2

3

4

5

6

7

8

9

10

11

12

13

공생애를 위한 준비

3장 1절-4장 13절

3장

14 군인들도 물어 이르되 우리는 무엇을 하리이까 하매 이르되 사람
에게서 강탈하지 말며 거짓으로 고발하지 말고 받는 급료를 족한
줄로 알라 하니라
15 백성들이 바라고 기다리므로 모든 사람들이 요한을 혹 그리스도
신가 심중에 생각하니
16 요한이 모든 사람에게 대답하여 이르되 나는 물로 너희에게 침
(세)례를 베풀거니와 나보다 능력이 많으신 이가 오시나니 나는
그의 신발끈을 풀기도 감당하지 못하겠노라 그는 성령과 불로 너
희에게 침(세)례를 베푸실 것이요
17 손에 키를 들고 자기의 타작 마당을 정하게 하사 알곡은 모아 곳
간에 들이고 쭉정이는 꺼지지 않는 불에 태우시리라
18 또 그 밖에 여러 가지로 권하여 백성에게 좋은 소식을 전하였으나
19 분봉 왕 헤롯은 그의 동생의 아내 헤로디아의 일과 또 자기가 행
한 모든 악한 일로 말미암아 요한에게 책망을 받고
20 그 위에 한 가지 악을 더하여 요한을 옥에 가두니라

침(세)례를 받으시다(마 3:13-17; 막 1:9-11)

21 백성이 다 침(세)례를 받을새 예수도 침(세)례를 받으시고 기도하
실 때에 하늘이 열리며
22 성령이 비둘기 같은 형체로 그의 위에 강림하시더니 하늘로부터
소리가 나기를 너는 내 사랑하는 아들이라 내가 너를 기뻐하노라
하시니라

14

15

16

17

18

19

20

침(세)례를 받으시다(마 3:13-17; 막 1:9-11)

21

22

공생애를 위한 준비

3장 1절–4장 13절

3장

예수의 족보(마 1:1-17)

23 예수께서 가르치심을 시작하실 때에 삼십 세쯤 되시니라 사람들
이 아는 대로는 요셉의 아들이니 요셉의 위는 헬리요
24 그 위는 맛닷이요 그 위는 레위요 그 위는 멜기요 그 위는 얀나요
그 위는 요셉이요
25 그 위는 맛다디아요 그 위는 아모스요 그 위는 나훔이요 그 위는
에슬리요 그 위는 낙개요
26 그 위는 마앗이요 그 위는 맛다디아요 그 위는 서머인이요 그 위
는 요섹이요 그 위는 요다요
27 그 위는 요아난이요 그 위는 레사요 그 위는 스룹바벨이요 그 위
는 스알디엘이요 그 위는 네리요
28 그 위는 멜기요 그 위는 앗디요 그 위는 고삼이요 그 위는 엘마담
이요 그 위는 에르요
29 그 위는 예수요 그 위는 엘리에서요 그 위는 요림이요 그 위는 맛
닷이요 그 위는 레위요
30 그 위는 시므온이요 그 위는 유다요 그 위는 요셉이요 그 위는 요
남이요 그 위는 엘리아김이요
31 그 위는 멜레아요 그 위는 멘나요 그 위는 맛다다요 그 위는 나단
이요 그 위는 다윗이요
32 그 위는 이새요 그 위는 오벳이요 그 위는 보아스요 그 위는 살몬
이요 그 위는 나손이요

예수의 족보(마 1:1-17)

23

24

25

26

27

28

29

30

31

32

공생애를 위한 준비

3장 1절-4장 13절

3장

33 그 위는 아미나답이요 그 위는 아니요 그 위는 헤스론이요 그 위
는 베레스요 그 위는 유다요
34 그 위는 야곱이요 그 위는 이삭이요 그 위는 아브라함이요 그 위
는 데라요 그 위는 나홀이요
35 그 위는 스룩이요 그 위는 르우요 그 위는 벨렉이요 그 위는 헤버
요 그 위는 살라요
36 그 위는 가이난이요 그 위는 아박삿이요 그 위는 셈이요 그 위는
노아요 그 위는 레멕이요
37 그 위는 므두셀라요 그 위는 에녹이요 그 위는 야렛이요 그 위는
마할랄렐이요 그 위는 가이난이요
38 그 위는 에노스요 그 위는 셋이요 그 위는 아담이요 그 위는 하나
님이시니라

4장

시험을 받으시다(마 4:1-11; 막 1:12-13)

1 예수께서 성령의 충만함을 입어 요단 강에서 돌아오사 광야에서
사십 일 동안 성령에게 이끌리시며
2 마귀에게 시험을 받으시더라 이 모든 날에 아무 것도 잡수시지 아
니하시니 날 수가 다하매 주리신지라
3 마귀가 이르되 네가 만일 하나님의 아들이어든 이 돌들에게 명하
여 떡이 되게 하라
4 예수께서 대답하시되 기록된 바 사람이 떡으로만 살 것이 아니라
하였느니라
5 마귀가 또 예수를 이끌고 올라가서 순식간에 천하 만국을 보이며

33

34

35

36

37

38

[4장] 시험을 받으시다(마 4:1-11; 막 1:12-13)

1

2

3

4

5

누가복음

갈릴리 사역

4장 14절-9장 9절

4장

6 이르되 이 모든 권위와 그 영광을 내가 네게 주리라 이것은 내게
넘겨 준 것이므로 내가 원하는 자에게 주노라
7 그러므로 네가 만일 내게 절하면 다 네 것이 되리라
8 예수께서 대답하여 이르시되 기록된 바 주 너의 하나님께 경배하
고 다만 그를 섬기라 하였느니라
9 또 이끌고 예루살렘으로 가서 성전 꼭대기에 세우고 이르되 네가
만일 하나님의 아들이어든 여기서 뛰어내리라
10 기록되었으되 하나님이 너를 위하여 그 사자들을 명하사 너를 지
키게 하시리라 하였고
11 또한 그들이 손으로 너를 받들어 네 발이 돌에 부딪치지 않게 하
시리라 하였느니라
12 예수께서 대답하여 이르시되 주 너의 하나님을 시험하지 말라 하
였느니라
13 마귀가 모든 시험을 다 한 후에 얼마 동안 떠나니라

갈릴리 여러 회당에서 가르치시다(마 4:12-17; 막 1:14-15)

14 예수께서 성령의 능력으로 갈릴리에 돌아가시니 그 소문이 사방
에 퍼졌고
15 친히 그 여러 회당에서 가르치시매 뭇 사람에게 칭송을 받으시더라

나사렛에서 배척을 받으시다(마 13:53-58; 막 6:1-6)

16 예수께서 그 자라나신 곳 나사렛에 이르사 안식일에 늘 하시던 대
로 회당에 들어가사 성경을 읽으려고 서시매

6

7

8

9

10

11

12

13

갈릴리 여러 회당에서 가르치시다(마 4:12-17; 막 1:14-15)

14

15

나사렛에서 배척을 받으시다(마 13:53-58; 막 6:1-6)

16

갈릴리 사역

4장 14절-9장 9절

4장

17 선지자 이사야의 글을 드리거늘 책을 펴서 이렇게 기록된 데를 찾
으시니 곧
18 주의 성령이 내게 임하셨으니 이는 가난한 자에게 복음을 전하게
하시려고 내게 기름을 부으시고 나를 보내사 포로 된 자에게 자유
를, 눈 먼 자에게 다시 보게 함을 전파하며 눌린 자를 자유롭게 하고
19 주의 은혜의 해를 전파하게 하려 하심이라 하였더라
20 책을 덮어 그 맡은 자에게 주시고 앉으시니 회당에 있는 자들이
다 주목하여 보더라
21 이에 예수께서 그들에게 말씀하시되 이 글이 오늘 너희 귀에 응하
였느니라 하시니
22 그들이 다 그를 증언하고 그 입으로 나오는 바 은혜로운 말을 놀
랍게 여겨 이르되 이 사람이 요셉의 아들이 아니냐
23 예수께서 그들에게 이르시되 너희가 반드시 의사야 너 자신을 고
치라 하는 속담을 인용하여 내게 말하기를 우리가 들은 바 가버나
움에서 행한 일을 네 고향 여기서도 행하라 하리라
24 또 이르시되 내가 진실로 너희에게 이르노니 선지자가 고향에서
는 환영을 받는 자가 없느니라
25 내가 참으로 너희에게 이르노니 엘리야 시대에 하늘이 삼 년 육
개월간 닫히어 온 땅에 큰 흉년이 들었을 때에 이스라엘에 많은
과부가 있었으되
26 엘리야가 그 중 한 사람에게도 보내심을 받지 않고 오직 시돈 땅
에 있는 사렙다의 한 과부에게 뿐이었으며

17

18

19

20

21

22

23

24

25

26

갈릴리 사역

4장 14절-9장 9절

4장

27 또 선지자 엘리사 때에 이스라엘에 많은 나병환자가 있었으되 그
중의 한 사람도 깨끗함을 얻지 못하고 오직 수리아 사람 나아만뿐
이었느니라
28 회당에 있는 자들이 이것을 듣고 다 크게 화가 나서
29 일어나 동네 밖으로 쫓아내어 그 동네가 건설된 산 낭떠러지까지
끌고 가서 밀쳐 떨어뜨리고자 하되
30 예수께서 그들 가운데로 지나서 가시니라

더러운 귀신 들린 사람을 고치시다(막 1:21-28)

31 갈릴리의 가버나움 동네에 내려오사 안식일에 가르치시매
32 그들이 그 가르치심에 놀라니 이는 그 말씀이 권위가 있음이러라
33 회당에 더러운 귀신 들린 사람이 있어 크게 소리 질러 이르되
34 아 나사렛 예수여 우리가 당신과 무슨 상관이 있나이까 우리를 멸
하러 왔나이까 나는 당신이 누구인 줄 아노니 하나님의 거룩한 자
니이다
35 예수께서 꾸짖어 이르시되 잠잠하고 그 사람에게서 나오라 하시
니 귀신이 그 사람을 무리 중에 넘어뜨리고 나오되 그 사람은 상
하지 아니한지라
36 다 놀라 서로 말하여 이르되 이 어떠한 말씀인고 권위와 능력으로
더러운 귀신을 명하매 나가는도다 하더라
37 이에 예수의 소문이 그 근처 사방에 퍼지니라

27

28

29

30

더러운 귀신 들린 사람을 고치시다(막 1:21-28)

31

32

33

34

35

36

37

갈릴리 사역

4장 14절-9장 9절

4장

온갖 병자들을 고치시다(마 8:14-17; 막 1:29-34)

38 예수께서 일어나 회당에서 나가사 시몬의 집에 들어가시니 시몬
의 장모가 중한 열병을 앓고 있는지라 사람들이 그를 위하여 예수
께 구하니
39 예수께서 가까이 서서 열병을 꾸짖으신대 병이 떠나고 여자가 곧
일어나 그들에게 수종드니라
40 해 질 무렵에 사람들이 온갖 병자들을 데리고 나아오매 예수께서
일일이 그 위에 손을 얹으사 고치시니
41 여러 사람에게서 귀신들이 나가며 소리 질러 이르되 당신은 하나
님의 아들이니이다 예수께서 꾸짖으사 그들이 말함을 허락하지
아니하시니 이는 자기를 그리스도인 줄 앎이러라

복음을 전하러 떠나시다(막 1:35-39)

42 날이 밝으매 예수께서 나오사 한적한 곳에 가시니 무리가 찾다가
만나서 자기들에게서 떠나시지 못하게 만류하려 하매
43 예수께서 이르시되 내가 다른 동네들에서도 하나님의 나라 복음
을 전하여야 하리니 나는 이 일을 위해 보내심을 받았노라 하시고
44 갈릴리 여러 회당에서 전도하시더라

5장

어부들이 예수를 따르다(마 4:18-22; 막 1:16-20)

1 무리가 몰려와서 하나님의 말씀을 들을새 예수는 게네사렛 호숫
가에 서서

온갖 병자들을 고치시다(마 8:14-17; 막 1:29-34)

38

39

40

41

복음을 전하러 떠나시다(막 1:35-39)

42

43

44

[5장] 어부들이 예수를 따르다(마 4:18-22; 막 1:16-20)

1

갈릴리 사역

4장 14절-9장 9절

5장

2 호숫가에 배 두 척이 있는 것을 보시니 어부들은 배에서 나와서
그물을 씻는지라
3 예수께서 한 배에 오르시니 그 배는 시몬의 배라 육지에서 조금
떼기를 청하시고 앉으사 배에서 무리를 가르치시더니
4 말씀을 마치시고 시몬에게 이르시되 깊은 데로 가서 그물을 내려
고기를 잡으라
5 시몬이 대답하여 이르되 선생님 우리들이 밤이 새도록 수고하였
으되 잡은 것이 없지마는 말씀에 의지하여 내가 그물을 내리리이
다 하고
6 그렇게 하니 고기를 잡은 것이 심히 많아 그물이 찢어지는지라
7 이에 다른 배에 있는 동무들에게 손짓하여 와서 도와 달라 하니
그들이 와서 두 배에 채우매 잠기게 되었더라
8 시몬 베드로가 이를 보고 예수의 무릎 아래에 엎드려 이르되 주여
나를 떠나소서 나는 죄인이로소이다 하니
9 이는 자기 및 자기와 함께 있는 모든 사람이 고기 잡힌 것으로 말
미암아 놀라고
10 세베대의 아들로서 시몬의 동업자인 야고보와 요한도 놀랐음이
라 예수께서 시몬에게 이르시되 무서워하지 말라 이제 후로는 네
가 사람을 취하리라 하시니
11 그들이 배들을 육지에 대고 모든 것을 버려 두고 예수를 따르니라

2

3

4

5

6

7

8

9

10

11

[기도와 묵상]

갈릴리 사역

4장 14절-9장 9절

5장

나병 들린 사람을 깨끗하게 하시다(마 8:1-4; 막 1:40-45)

12 예수께서 한 동네에 계실 때에 온 몸에 나병 들린 사람이 있어 예
수를 보고 엎드려 구하여 이르되 주여 원하시면 나를 깨끗하게 하
실 수 있나이다 하니
13 예수께서 손을 내밀어 그에게 대시며 이르시되 내가 원하노니 깨
끗함을 받으라 하신대 나병이 곧 떠나니라
14 예수께서 그를 경고하시되 아무에게도 이르지 말고 가서 제사장
에게 네 몸을 보이고 또 네가 깨끗하게 됨으로 인하여 모세가 명
한 대로 예물을 드려 그들에게 입증하라 하셨더니
15 예수의 소문이 더욱 퍼지매 수많은 무리가 말씀도 듣고 자기 병도
고침을 받고자 하여 모여 오되
16 예수는 물러가사 한적한 곳에서 기도하시니라

중풍병자를 고치시다(마 9:1-8; 막 2:1-12)

17 하루는 가르치실 때에 갈릴리의 각 마을과 유대와 예루살렘에서
온 바리새인과 율법교사들이 앉았는데 병을 고치는 주의 능력이
예수와 함께 하더라
18 한 중풍병자를 사람들이 침상에 메고 와서 예수 앞에 들여놓고자
하였으나
19 무리 때문에 메고 들어갈 길을 얻지 못한지라 지붕에 올라가 기와
를 벗기고 병자를 침상째 무리 가운데로 예수 앞에 달아 내리니
20 예수께서 그들의 믿음을 보시고 이르시되 이 사람아 네 죄 사함을
받았느니라 하시니

나병 들린 사람을 깨끗하게 하시다(마 8:1-4; 막 1:40-45)

12

13

14

15

16

중풍병자를 고치시다(마 9:1-8; 막 2:1-12)

17

18

19

20

5장

21 서기관과 바리새인들이 생각하여 이르되 이 신성모독 하는 자가
누구냐 오직 하나님 외에 누가 능히 죄를 사하겠느냐
22 예수께서 그 생각을 아시고 대답하여 이르시되 너희 마음에 무슨
생각을 하느냐
23 네 죄 사함을 받았느니라 하는 말과 일어나 걸어가라 하는 말이
어느 것이 쉽겠느냐
24 그러나 인자가 땅에서 죄를 사하는 권세가 있는 줄을 너희로 알게
하리라 하시고 중풍병자에게 말씀하시되 내가 네게 이르노니 일
어나 네 침상을 가지고 집으로 가라 하시매
25 그 사람이 그들 앞에서 곧 일어나 그 누웠던 것을 가지고 하나님
께 영광을 돌리며 자기 집으로 돌아가니
26 모든 사람이 놀라 하나님께 영광을 돌리며 심히 두려워하여 이르
되 오늘 우리가 놀라운 일을 보았다 하니라

레위가 예수를 따르다(마 9:9-17; 막 2:13-22)

27 그 후에 예수께서 나가사 레위라 하는 세리가 세관에 앉아 있는
것을 보시고 나를 따르라 하시니
28 그가 모든 것을 버리고 일어나 따르니라
29 레위가 예수를 위하여 자기 집에서 큰 잔치를 하니 세리와 다른
사람이 많이 함께 앉아 있는지라
30 바리새인과 그들의 서기관들이 그 제자들을 비방하여 이르되 너
희가 어찌하여 세리와 죄인과 함께 먹고 마시느냐

21

22

23

24

25

26

레위가 예수를 따르다(마 9:9-17; 막 2:13-22)

27

28

29

30

갈릴리 사역

4장 14절-9장 9절

5장

31 예수께서 대답하여 이르시되 건강한 자에게는 의사가 쓸 데 없고
병든 자에게라야 쓸 데 있나니
32 내가 의인을 부르러 온 것이 아니요 죄인을 불러 회개시키러 왔노라
33 그들이 예수께 말하되 요한의 제자는 자주 금식하며 기도하고 바
리새인의 제자들도 또한 그리하되 당신의 제자들은 먹고 마시나
이다
34 예수께서 그들에게 이르시되 혼인 집 손님들이 신랑과 함께 있을
때에 너희가 그 손님으로 금식하게 할 수 있느냐
35 그러나 그 날에 이르러 그들이 신랑을 빼앗기리니 그 날에는 금식
할 것이니라
36 또 비유하여 이르시되 새 옷에서 한 조각을 찢어 낡은 옷에 붙이
는 자가 없나니 만일 그렇게 하면 새 옷을 찢을 뿐이요 또 새 옷에
서 찢은 조각이 낡은 것에 어울리지 아니하리라
37 새 포도주를 낡은 가죽 부대에 넣는 자가 없나니 만일 그렇게 하
면 새 포도주가 부대를 터뜨려 포도주가 쏟아지고 부대도 못쓰게
되리라
38 새 포도주는 새 부대에 넣어야 할 것이니라
39 묵은 포도주를 마시고 새 것을 원하는 자가 없나니 이는 묵은 것
이 좋다 함이니라

6장

안식일에 밀 이삭을 자르다(마 12:1-8; 막 2:23-28)

1 안식일에 예수께서 밀밭 사이로 지나가실새 제자들이 이삭을 잘
라 손으로 비비어 먹으니

31

32

33

34

35

36

37

38

39

[6장] 안식일에 밀 이삭을 자르다(마 12:1-8; 막 2:23-28)

1

갈릴리 사역

4장 14절-9장 9절

6장

2 어떤 바리새인들이 말하되 어찌하여 안식일에 하지 못할 일을 하
느냐
3 예수께서 대답하여 이르시되 다윗이 자기 및 자기와 함께 한 자들
이 시장할 때에 한 일을 읽지 못하였느냐
4 그가 하나님의 전에 들어가서 다만 제사장 외에는 먹어서는 안 되
는 진설병을 먹고 함께 한 자들에게도 주지 아니하였느냐
5 또 이르시되 인자는 안식일의 주인이니라 하시더라

안식일에 손 마른 사람을 고치시다(마 12:9-14; 막 3:1-6)

6 또 다른 안식일에 예수께서 회당에 들어가사 가르치실새 거기 오
른손 마른 사람이 있는지라
7 서기관과 바리새인들이 예수를 고발할 증거를 찾으려 하여 안식
일에 병을 고치시는가 엿보니
8 예수께서 그들의 생각을 아시고 손 마른 사람에게 이르시되 일어
나 한가운데 서라 하시니 그가 일어나 서거늘
9 예수께서 그들에게 이르시되 내가 너희에게 묻노니 안식일에 선
을 행하는 것과 악을 행하는 것, 생명을 구하는 것과 죽이는 것, 어
느 것이 옳으냐 하시며
10 무리를 둘러보시고 그 사람에게 이르시되 네 손을 내밀라 하시니
그가 그리하매 그 손이 회복된지라
11 그들은 노기가 가득하여 예수를 어떻게 할까 하고 서로 의논하
니라

2

3

4

5

안식일에 손 마른 사람을 고치시다(마 12:9-14; 막 3:1-6)

6

7

8

9

10

11

갈릴리 사역

4장 14절-9장 9절

6장

열두 제자를 사도로 택하시다(마 10:1-4; 4:23-25; 막 3:13-19)

12 이 때에 예수께서 기도하시러 산으로 가사 밤이 새도록 하나님께
기도하시고
13 밝으매 그 제자들을 부르사 그 중에서 열둘을 택하여 사도라 칭하
셨으니
14 곧 베드로라고도 이름을 주신 시몬과 그의 동생 안드레와 야고보
와 요한과 빌립과 바돌로매와
15 마태와 도마와 알패오의 아들 야고보와 셀롯이라는 시몬과
16 야고보의 아들 유다와 예수를 파는 자 될 가룟 유다라
17 예수께서 그들과 함께 내려오사 평지에 서시니 그 제자의 많은 무
리와 예수의 말씀도 듣고 병 고침을 받으려고 유대 사방과 예루살
렘과 두로와 시돈의 해안으로부터 온 많은 백성도 있더라
18 더러운 귀신에게 고난 받는 자들도 고침을 받은지라
19 온 무리가 예수를 만지려고 힘쓰니 이는 능력이 예수께로부터 나
와서 모든 사람을 낫게 함이러라

복과 화를 선포하시다(마 5:1-12)

20 예수께서 눈을 들어 제자들을 보시고 이르시되 너희 가난한 자는
복이 있나니 하나님의 나라가 너희 것임이요
21 지금 주린 자는 복이 있나니 너희가 배부름을 얻을 것임이요 지금
우는 자는 복이 있나니 너희가 웃을 것임이요
22 인자로 말미암아 사람들이 너희를 미워하며 멀리하고 욕하고 너
희 이름을 악하다 하여 버릴 때에는 너희에게 복이 있도다

열두 제자를 사도로 택하시다(마 10:1-4; 4:23-25; 막 3:13-19)

12

13

14

15

16

17

18

19

복과 화를 선포하시다(마 5:1-12)

20

21

22

6장

23 그 날에 기뻐하고 뛰놀라 하늘에서 너희 상이 큼이라 그들의 조상
들이 선지자들에게 이와 같이 하였느니라
24 그러나 화 있을진저 너희 부요한 자여 너희는 너희의 위로를 이미
받았도다
25 화 있을진저 너희 지금 배부른 자여 너희는 주리리로다 화 있을진
저 너희 지금 웃는 자여 너희가 애통하며 울리로다
26 모든 사람이 너희를 칭찬하면 화가 있도다 그들의 조상들이 거짓
선지자들에게 이와 같이 하였느니라

원수를 사랑하라(마 5:38-48; 7:1-5,12 상, 17-20; 12:34 하-35)

27 그러나 너희 듣는 자에게 내가 이르노니 너희 원수를 사랑하며 너
희를 미워하는 자를 선대하며
28 너희를 저주하는 자를 위하여 축복하며 너희를 모욕하는 자를 위
하여 기도하라
29 너의 이 뺨을 치는 자에게 저 뺨도 돌려대며 네 겉옷을 빼앗는 자
에게 속옷도 거절하지 말라
30 네게 구하는 자에게 주며 네 것을 가져가는 자에게 다시 달라 하
지 말며
31 남에게 대접을 받고자 하는 대로 너희도 남을 대접하라
32 너희가 만일 너희를 사랑하는 자만을 사랑하면 칭찬 받을 것이 무
엇이냐 죄인들도 사랑하는 자는 사랑하느니라
33 너희가 만일 선대하는 자만을 선대하면 칭찬 받을 것이 무엇이냐
죄인들도 이렇게 하느니라

23

24

25

26

원수를 사랑하라(마 5:38-48; 7:1-5,12 상, 17-20; 12:34 하-35)

27

28

29

30

31

32

33

갈릴리 사역

4장 14절-9장 9절

6장

34 너희가 받기를 바라고 사람들에게 꾸어 주면 칭찬 받을 것이 무엇
이냐 죄인들도 그만큼 받고자 하여 죄인에게 꾸어 주느니라
35 오직 너희는 원수를 사랑하고 선대하며 아무 것도 바라지 말고
꾸어 주라 그리하면 너희 상이 클 것이요 또 지극히 높으신 이의
아들이 되리니 그는 은혜를 모르는 자와 악한 자에게도 인자하시
니라
36 너희 아버지의 자비로우심 같이 너희도 자비로운 자가 되라
37 비판하지 말라 그리하면 너희가 비판을 받지 않을 것이요 정죄하
지 말라 그리하면 너희가 정죄를 받지 않을 것이요 용서하라 그리
하면 너희가 용서를 받을 것이요
38 주라 그리하면 너희에게 줄 것이니 곧 후히 되어 누르고 흔들어
넘치도록 하여 너희에게 안겨 주리라 너희가 헤아리는 그 헤아림
으로 너희도 헤아림을 도로 받을 것이니라

네 눈 속에 있는 들보

39 또 비유로 말씀하시되 맹인이 맹인을 인도할 수 있느냐 둘이 다
구덩이에 빠지지 아니하겠느냐
40 제자가 그 선생보다 높지 못하나 무릇 온전하게 된 자는 그 선생
과 같으리라
41 어찌하여 형제의 눈 속에 있는 티는 보고 네 눈 속에 있는 들보는
깨닫지 못하느냐

34

35

36

37

38

네 눈 속에 있는 들보

39

40

41

갈릴리 사역

4장 14절-9장 9절

6장

42 너는 네 눈 속에 있는 들보를 보지 못하면서 어찌하여 형제에게
말하기를 형제여 나로 네 눈 속에 있는 티를 빼게 하라 할 수 있느
냐 외식하는 자여 먼저 네 눈 속에서 들보를 빼라 그 후에야 네가
밝히 보고 형제의 눈 속에 있는 티를 빼리라
43 못된 열매 맺는 좋은 나무가 없고 또 좋은 열매 맺는 못된 나무가
없느니라
44 나무는 각각 그 열매로 아나니 가시나무에서 무화과를, 또는 찔레
에서 포도를 따지 못하느니라
45 선한 사람은 마음에 쌓은 선에서 선을 내고 악한 자는 그 쌓은 악
에서 악을 내나니 이는 마음에 가득한 것을 입으로 말함이니라

듣고 행하는 자와 행하지 아니하는 자(마 7:24-27)

46 너희는 나를 불러 주여 주여 하면서도 어찌하여 내가 말하는 것을
행하지 아니하느냐
47 내게 나아와 내 말을 듣고 행하는 자마다 누구와 같은 것을 너희
에게 보이리라
48 집을 짓되 깊이 파고 주추를 반석 위에 놓은 사람과 같으니 큰 물
이 나서 탁류가 그 집에 부딪치되 잘 지었기 때문에 능히 요동하
지 못하게 하였거니와
49 듣고 행하지 아니하는 자는 주추 없이 흙 위에 집 지은 사람과
같으니 탁류가 부딪치매 집이 곧 무너져 파괴됨이 심하니라 하
시니라

42

43

44

45

듣고 행하는 자와 행하지 아니하는 자(마 7:24-27)

46

47

48

49

갈릴리 사역

4장 14절-9장 9절

7장

백부장의 종을 고치시다(마 8:5-13; 요 4:43-54)

1 예수께서 모든 말씀을 백성에게 들려 주시기를 마치신 후에 가버
나움으로 들어가시니라
2 어떤 백부장의 사랑하는 종이 병들어 죽게 되었더니
3 예수의 소문을 듣고 유대인의 장로 몇 사람을 예수께 보내어 오셔
서 그 종을 구해 주시기를 청한지라
4 이에 그들이 예수께 나아와 간절히 구하여 이르되 이 일을 하시는
것이 이 사람에게는 합당하니이다
5 그가 우리 민족을 사랑하고 또한 우리를 위하여 회당을 지었나이
다 하니
6 예수께서 함께 가실새 이에 그 집이 멀지 아니하여 백부장이 벗들
을 보내어 이르되 주여 수고하시지 마옵소서 내 집에 들어오심을
나는 감당하지 못하겠나이다
7 그러므로 내가 주께 나아가기도 감당하지 못할 줄을 알았나이다
말씀만 하사 내 하인을 낫게 하소서
8 나도 남의 수하에 든 사람이요 내 아래에도 병사가 있으니 이더러
가라 하면 가고 저더러 오라 하면 오고 내 종더러 이것을 하라 하
면 하나이다
9 예수께서 들으시고 그를 놀랍게 여겨 돌이키사 따르는 무리에게
이르시되 내가 너희에게 이르노니 이스라엘 중에서도 이만한 믿
음은 만나보지 못하였노라 하시더라
10 보내었던 사람들이 집으로 돌아가 보매 종이 이미 나아 있었더라

[7장] 백부장의 종을 고치시다(마 8:5-13; 요 4:43-54)

1

2

3

4

5

6

7

8

9

10

갈릴리 사역

4장 14절-9장 9절

7장

과부의 아들을 살리시다

11 그 후에 예수께서 나인이란 성으로 가실새 제자와 많은 무리가 동
행하더니
12 성문에 가까이 이르실 때에 사람들이 한 죽은 자를 메고 나오니
이는 한 어머니의 독자요 그의 어머니는 과부라 그 성의 많은 사
람도 그와 함께 나오거늘
13 주께서 과부를 보시고 불쌍히 여기사 울지 말라 하시고
14 가까이 가서 그 관에 손을 대시니 멘 자들이 서는지라 예수께서
이르시되 청년아 내가 네게 말하노니 일어나라 하시매
15 죽었던 자가 일어나 앉고 말도 하거늘 예수께서 그를 어머니에게
주시니
16 모든 사람이 두려워하며 하나님께 영광을 돌려 이르되 큰 선지자
가 우리 가운데 일어나셨다 하고 또 하나님께서 자기 백성을 돌보
셨다 하더라
17 예수께 대한 이 소문이 온 유대와 사방에 두루 퍼지니라

침(세)례 요한의 제자들에게 대답하시다(마 11:2-19)

18 요한의 제자들이 이 모든 일을 그에게 알리니
19 요한이 그 제자 중 둘을 불러 주께 보내어 이르되 오실 그이가 당
신이오니이까 우리가 다른 이를 기다리오리이까 하라 하매
20 그들이 예수께 나아가 이르되 침(세)례 요한이 우리를 보내어 당
신께 여쭈어 보라고 하기를 오실 그이가 당신이오니이까 우리가
다른 이를 기다리오리이까 하더이다 하니

과부의 아들을 살리시다

11

12

13

14

15

16

17

침(세)례 요한의 제자들에게 대답하시다(마 11:2-19)

18

19

20

갈릴리 사역

4장 14절-9장 9절

7장

21 마침 그 때에 예수께서 질병과 고통과 및 악귀 들린 자를 많이 고
치시며 또 많은 맹인을 보게 하신지라
22 예수께서 대답하여 이르시되 너희가 가서 보고 들은 것을 요한에
게 알리되 맹인이 보며 못 걷는 사람이 걸으며 나병환자가 깨끗함
을 받으며 귀먹은 사람이 들으며 죽은 자가 살아나며 가난한 자에
게 복음이 전파된다 하라
23 누구든지 나로 말미암아 실족하지 아니하는 자는 복이 있도다 하
시니라
24 요한이 보낸 자가 떠난 후에 예수께서 무리에게 요한에 대하여 말
씀하시되 너희가 무엇을 보려고 광야에 나갔더냐 바람에 흔들리
는 갈대냐
25 그러면 너희가 무엇을 보려고 나갔더냐 부드러운 옷 입은 사람이
냐 보라 화려한 옷을 입고 사치하게 지내는 자는 왕궁에 있느니라
26 그러면 너희가 무엇을 보려고 나갔더냐 선지자냐 옳다 내가 너희
에게 이르노니 선지자보다도 훌륭한 자니라
27 기록된 바 보라 내가 내 사자를 네 앞에 보내노니 그가 네 앞에서
네 길을 준비하리라 한 것이 이 사람에 대한 말씀이라
28 내가 너희에게 말하노니 여자가 낳은 자 중에 요한보다 큰 자가
없도다 그러나 하나님의 나라에서는 극히 작은 자라도 그보다 크
니라 하시니
29 모든 백성과 세리들은 이미 요한의 침(세)례를 받은지라 이 말씀
을 듣고 하나님을 의롭다 하되

21

22

23

24

25

26

27

28

29

갈릴리 사역

4장 14절–9장 9절

7장

30 바리새인과 율법교사들은 그의 침(세)례를 받지 아니함으로 그들
자신을 위한 하나님의 뜻을 저버리니라
31 또 이르시되 이 세대의 사람을 무엇으로 비유할까 무엇과 같은가
32 비유하건대 아이들이 장터에 앉아 서로 불러 이르되 우리가 너희
를 향하여 피리를 불어도 너희가 춤추지 않고 우리가 곡하여도 너
희가 울지 아니하였다 함과 같도다
33 침(세)례 요한이 와서 떡도 먹지 아니하며 포도주도 마시지 아니
하매 너희 말이 귀신이 들렸다 하더니
34 인자는 와서 먹고 마시매 너희 말이 보라 먹기를 탐하고 포도주를
즐기는 사람이요 세리와 죄인의 친구로다 하니
35 지혜는 자기의 모든 자녀로 인하여 옳다 함을 얻느니라

한 여자가 예수께 향유를 붓다

36 한 바리새인이 예수께 자기와 함께 잡수시기를 청하니 이에 바리
새인의 집에 들어가 앉으셨을 때에
37 그 동네에 죄를 지은 한 여자가 있어 예수께서 바리새인의 집에
앉아 계심을 알고 향유 담은 옥합을 가지고 와서
38 예수의 뒤로 그 발 곁에 서서 울며 눈물로 그 발을 적시고 자기 머
리털로 닦고 그 발에 입맞추고 향유를 부으니
39 예수를 청한 바리새인이 그것을 보고 마음에 이르되 이 사람이 만
일 선지자라면 자기를 만지는 이 여자가 누구며 어떠한 자 곧 죄
인인 줄을 알았으리라 하거늘

30

31

32

33

34

35

한 여자가 예수께 향유를 붓다

36

37

38

39

갈릴리 사역

4장 14절-9장 9절

7장

40 예수께서 대답하여 이르시되 시몬아 내가 네게 이를 말이 있다 하
시니 그가 이르되 선생님 말씀하소서
41 이르시되 빚 주는 사람에게 빚진 자가 둘이 있어 하나는 오백 데
나리온을 졌고 하나는 오십 데나리온을 졌는데
42 갚을 것이 없으므로 둘 다 탕감하여 주었으니 둘 중에 누가 그를
더 사랑하겠느냐
43 시몬이 대답하여 이르되 내 생각에는 많이 탕감함을 받은 자니이
다 이르시되 네 판단이 옳다 하시고
44 그 여자를 돌아보시며 시몬에게 이르시되 이 여자를 보느냐 내가
네 집에 들어올 때 너는 내게 발 씻을 물도 주지 아니하였으되 이
여자는 눈물로 내 발을 적시고 그 머리털로 닦았으며
45 너는 내게 입맞추지 아니하였으되 그는 내가 들어올 때로부터 내
발에 입맞추기를 그치지 아니하였으며
46 너는 내 머리에 감람유도 붓지 아니하였으되 그는 향유를 내 발에
부었느니라
47 이러므로 내가 네게 말하노니 그의 많은 죄가 사하여졌도다 이는
그의 사랑함이 많음이라 사함을 받은 일이 적은 자는 적게 사랑하
느니라
48 이에 여자에게 이르시되 네 죄 사함을 받았느니라 하시니
49 함께 앉아 있는 자들이 속으로 말하되 이가 누구이기에 죄도 사하
는가 하더라

40

41

42

43

44

45

46

47

48

49

7장

50 예수께서 여자에게 이르시되 네 믿음이 너를 구원하였으니 평안
히 가라 하시니라

8장

여자들이 예수의 활동을 돕다

1 그 후에 예수께서 각 성과 마을에 두루 다니시며 하나님의 나라를
선포하시며 그 복음을 전하실새 열두 제자가 함께 하였고
2 또한 악귀를 쫓아내심과 병 고침을 받은 어떤 여자들 곧 일곱 귀
신이 나간 자 막달라인이라 하는 마리아와
3 헤롯의 청지기 구사의 아내 요안나와 수산나와 다른 여러 여자가
함께 하여 자기들의 소유로 그들을 섬기더라

네 가지 땅에 떨어진 씨 비유(마 13:1-9; 막 4:1-9)

4 각 동네 사람들이 예수께로 나아와 큰 무리를 이루니 예수께서 비
유로 말씀하시되
5 씨를 뿌리는 자가 그 씨를 뿌리러 나가서 뿌릴새 더러는 길 가에
떨어지매 밟히며 공중의 새들이 먹어버렸고
6 더러는 바위 위에 떨어지매 싹이 났다가 습기가 없으므로 말랐고
7 더러는 가시떨기 속에 떨어지매 가시가 함께 자라서 기운을 막았고
8 더러는 좋은 땅에 떨어지매 나서 백 배의 결실을 하였느니라 이
말씀을 하시고 외치시되 들을 귀 있는 자는 들을지어다

비유를 설명하시다(마 13:10-23; 막 4:13-20)

9 제자들이 이 비유의 뜻을 물으니

50

[8장] 여자들이 예수의 활동을 돕다

1

2

3

네 가지 땅에 떨어진 씨 비유(마 13:1-9; 막 4:1-9)

4

5

6

7

8

비유를 설명하시다(마 13:10-23; 막 4:13-20)

9

갈릴리 사역

4장 14절-9장 9절

8장

10 이르시되 하나님 나라의 비밀을 아는 것이 너희에게는 허락되었
으나 다른 사람에게는 비유로 하나니 이는 그들로 보아도 보지 못
하고 들어도 깨닫지 못하게 하려 함이라
11 이 비유는 이러하니라 씨는 하나님의 말씀이요
12 길 가에 있다는 것은 말씀을 들은 자니 이에 마귀가 가서 그들이
믿어 구원을 얻지 못하게 하려고 말씀을 그 마음에서 빼앗는 것
이요
13 바위 위에 있다는 것은 말씀을 들을 때에 기쁨으로 받으나 뿌리가
없어 잠깐 믿다가 시련을 당할 때에 배반하는 자요
14 가시떨기에 떨어졌다는 것은 말씀을 들은 자이나 지내는 중 이생의
염려와 재물과 향락에 기운이 막혀 온전히 결실하지 못하는 자요
15 좋은 땅에 있다는 것은 착하고 좋은 마음으로 말씀을 듣고 지키어
인내로 결실하는 자니라

등불은 등경 위에(막 4:21-25)

16 누구든지 등불을 켜서 그릇으로 덮거나 평상 아래에 두지 아니하
고 등경 위에 두나니 이는 들어가는 자들로 그 빛을 보게 하려 함
이라
17 숨은 것이 장차 드러나지 아니할 것이 없고 감추인 것이 장차 알
려지고 나타나지 않을 것이 없느니라
18 그러므로 너희가 어떻게 들을까 스스로 삼가라 누구든지 있는 자
는 받겠고 없는 자는 그 있는 줄로 아는 것까지도 빼앗기리라 하
시니라

10

11

12

13

14

15

등불은 등경 위에(막 4:21-25)

16

17

18

갈릴리 사역

4장 14절–9장 9절

8장

예수의 어머니와 동생들(마 12:46-50; 막 3:31-35)

19 예수의 어머니와 그 동생들이 왔으나 무리로 인하여 가까이 하지
못하니
20 어떤 이가 알리되 당신의 어머니와 동생들이 당신을 보려고 밖에
서 있나이다
21 예수께서 대답하여 이르시되 내 어머니와 내 동생들은 곧 하나님
의 말씀을 듣고 행하는 이 사람들이라 하시니라

바람과 물결을 잔잔하게 하시다(마 8:23-27; 막4:35-41)

22 하루는 제자들과 함께 배에 오르사 그들에게 이르시되 호수 저편
으로 건너가자 하시매 이에 떠나
23 행선할 때에 예수께서 잠이 드셨더니 마침 광풍이 호수로 내리치
매 배에 물이 가득하게 되어 위태한지라
24 제자들이 나아와 깨워 이르되 주여 주여 우리가 죽겠나이다 한대
예수께서 잠을 깨사 바람과 물결을 꾸짖으시니 이에 그쳐 잔잔하
여지더라
25 제자들에게 이르시되 너희 믿음이 어디 있느냐 하시니 그들이 두
려워하고 놀랍게 여겨 서로 말하되 그가 누구이기에 바람과 물을
명하매 순종하는가 하더라

귀신 들린 사람을 고치시다(마 8:28-34; 막 5:1-20)

26 그들이 갈릴리 맞은편 거라사인의 땅에 이르러

예수의 어머니와 동생들(마 12:46-50; 막 3:31-35)

19

20

21

바람과 물결을 잔잔하게 하시다(마 8:23-27; 막4:35-41)

22

23

24

25

귀신 들린 사람을 고치시다(마 8:28-34; 막 5:1-20)

26

갈릴리 사역

4장 14절–9장 9절

8장

27 예수께서 육지에 내리시매 그 도시 사람으로서 귀신 들린 자 하나
가 예수를 만나니 그 사람은 오래 옷을 입지 아니하며 집에 거하
지도 아니하고 무덤 사이에 거하는 자라
28 예수를 보고 부르짖으며 그 앞에 엎드려 큰 소리로 불러 이르되
지극히 높으신 하나님의 아들 예수여 당신이 나와 무슨 상관이 있
나이까 당신께 구하노니 나를 괴롭게 하지 마옵소서 하니
29 이는 예수께서 이미 더러운 귀신을 명하사 그 사람에게서 나오라
하셨음이라 (귀신이 가끔 그 사람을 붙잡으므로 그를 쇠사슬과 고
랑에 매어 지켰으되 그 맨 것을 끊고 귀신에게 몰려 광야로 나갔
더라)
30 예수께서 네 이름이 무엇이냐 물으신즉 이르되 군대라 하니 이는
많은 귀신이 들렸음이라
31 무저갱으로 들어가라 하지 마시기를 간구하더니
32 마침 그 곳에 많은 돼지 떼가 산에서 먹고 있는지라 귀신들이 그
돼지에게로 들어가게 허락하심을 간구하니 이에 허락하시니
33 귀신들이 그 사람에게서 나와 돼지에게로 들어가니 그 떼가 비탈
로 내리달아 호수에 들어가 몰사하거늘
34 치던 자들이 그 이루어진 일을 보고 도망하여 성내와 마을에 알리니
35 사람들이 그 이루어진 일을 보러 나와서 예수께 이르러 귀신 나간
사람이 옷을 입고 정신이 온전하여 예수의 발치에 앉아 있는 것을
보고 두려워하거늘
36 귀신 들렸던 자가 어떻게 구원 받았는지를 본 자들이 그들에게 이
르매

27

28

29

30

31

32

33

34

35

36

8장

37 거라사인의 땅 근방 모든 백성이 크게 두려워하여 예수께 떠나가
시기를 구하더라 예수께서 배에 올라 돌아가실새
38 귀신 나간 사람이 함께 있기를 구하였으나 예수께서 그를 보내시
며 이르시되
39 집으로 돌아가 하나님이 네게 어떻게 큰 일을 행하셨는지를 말하
라 하시니 그가 가서 예수께서 자기에게 어떻게 큰 일을 행하셨는
지를 온 성내에 전파하니라

야이로의 딸과 예수의 옷에 손 댄 여자(마 9:18-26; 막 5:21-43)

40 예수께서 돌아오시매 무리가 환영하니 이는 다 기다렸음이러라
41 이에 회당장인 야이로라 하는 사람이 와서 예수의 발 아래에 엎드
려 자기 집에 오시기를 간구하니
42 이는 자기에게 열두 살 된 외딸이 있어 죽어감이러라
예수께서 가실 때에 무리가 밀려들더라
43 이에 열두 해를 혈루증으로 앓는 중에 아무에게도 고침을 받지 못
하던 여자가
44 예수의 뒤로 와서 그의 옷 가에 손을 대니 혈루증이 즉시 그쳤더라
45 예수께서 이르시되 내게 손을 댄 자가 누구냐 하시니 다 아니라
할 때에 베드로가 이르되 주여 무리가 밀려들어 미나이다
46 예수께서 이르시되 내게 손을 댄 자가 있도다 이는 내게서 능력이
나간 줄 앎이로다 하신대
47 여자가 스스로 숨기지 못할 줄 알고 떨며 나아와 엎드리어 그 손
댄 이유와 곧 나은 것을 모든 사람 앞에서 말하니

37

38

39

야이로의 딸과 예수의 옷에 손 댄 여자(마 9:18-26; 막 5:21-43)

40

41

42

43

44

45

46

47

갈릴리사역

4장 14절–9장 9절

8장

48 예수께서 이르시되 딸아 네 믿음이 너를 구원하였으니 평안히 가
라 하시더라
49 아직 말씀하실 때에 회당장의 집에서 사람이 와서 말하되 당신의
딸이 죽었나이다 선생님을 더 괴롭게 하지 마소서 하거늘
50 예수께서 들으시고 이르시되 두려워하지 말고 믿기만 하라 그리
하면 딸이 구원을 얻으리라 하시고
51 그 집에 이르러 베드로와 요한과 야고보와 아이의 부모 외에는 함
께 들어가기를 허락하지 아니하시니라
52 모든 사람이 아이를 위하여 울며 통곡하매 예수께서 이르시되 울
지 말라 죽은 것이 아니라 잔다 하시니
53 그들이 그 죽은 것을 아는 고로 비웃더라
54 예수께서 아이의 손을 잡고 불러 이르시되 아이야 일어나라 하시니
55 그 영이 돌아와 아이가 곧 일어나거늘 예수께서 먹을 것을 주라
명하시니
56 그 부모가 놀라는지라 예수께서 경고하사 이 일을 아무에게도 말
하지 말라 하시니라

9장

열두 제자를 내보내시다(마 10:5-15; 막 6:7-13)

1 예수께서 열두 제자를 불러 모으사 모든 귀신을 제어하며 병을 고
치는 능력과 권위를 주시고
2 하나님의 나라를 전파하며 앓는 자를 고치게 하려고 내보내시며
3 이르시되 여행을 위하여 아무 것도 가지지 말라 지팡이나 배낭이
나 양식이나 돈이나 두 벌 옷을 가지지 말며

48

49

50

51

52

53

54

55

56

[9장] 열두 제자를 내보내시다(마 10:5-15; 막 6:7-13)

1

2

3

누가복음

갈릴리사역

4장 14절-9장 9절

갈릴리 주변 지역으로 물러가심

9장 10절-50절

9장

4 어느 집에 들어가든지 거기서 머물다가 거기서 떠나라
5 누구든지 너희를 영접하지 아니하거든 그 성에서 떠날 때에 너희
발에서 먼지를 떨어 버려 그들에게 증거를 삼으라 하시니
6 제자들이 나가 각 마을에 두루 다니며 곳곳에 복음을 전하며 병을
고치더라

헤롯이 듣고 심히 당황하다(마 14:1-12; 막 6:14-29)

7 분봉 왕 헤롯이 이 모든 일을 듣고 심히 당황하니 이는 어떤 사람
은 요한이 죽은 자 가운데서 살아났다고도 하며
8 어떤 사람은 엘리야가 나타났다고도 하며 어떤 사람은 옛 선지자
한 사람이 다시 살아났다고도 함이라
9 헤롯이 이르되 요한은 내가 목을 베었거늘 이제 이런 일이 들리니
이 사람이 누군가 하며 그를 보고자 하더라

오천 명을 먹이시다(마 14:13-21; 막 6:30-44; 요 6:1-14)

10 사도들이 돌아와 자기들이 행한 모든 것을 예수께 여쭈니 데리시
고 따로 벳새다라는 고을로 떠나 가셨으나
11 무리가 알고 따라왔거늘 예수께서 그들을 영접하사 하나님 나라
의 일을 이야기하시며 병 고칠 자들은 고치시더라
12 날이 저물어 가매 열두 사도가 나아와 여짜오되 무리를 보내어 두
루 마을과 촌으로 가서 유하며 먹을 것을 얻게 하소서 우리가 있
는 여기는 빈 들이니이다

4

5

6

헤롯이 듣고 심히 당황하다(마 14:1-12; 막 6:14-29)

7

8

9

오천 명을 먹이시다(마 14:13-21; 막 6:30-44; 요 6:1-14)

10

11

12

갈릴리 주변 지역으로 물러가심

9장 10절-50절

9장

13 예수께서 이르시되 너희가 먹을 것을 주라 하시니 여짜오되 우리
에게 떡 다섯 개와 물고기 두 마리밖에 없으니 이 모든 사람을 위
하여 먹을 것을 사지 아니하고서는 할 수 없사옵나이다 하니
14 이는 남자가 한 오천 명 됨이러라 제자들에게 이르시되 떼를 지어
한 오십 명씩 앉히라 하시니
15 제자들이 이렇게 하여 다 앉힌 후
16 예수께서 떡 다섯 개와 물고기 두 마리를 가지사 하늘을 우러러
축사하시고 떼어 제자들에게 주어 무리에게 나누어 주게 하시니
17 먹고 다 배불렀더라 그 남은 조각을 열두 바구니에 거두니라

베드로의 고백, 죽음과 부활 예고(마 16:13-28; 막 8:27-9:1)

18 예수께서 따로 기도하실 때에 제자들이 주와 함께 있더니 물어 이
르시되 무리가 나를 누구라고 하느냐
19 대답하여 이르되 침(세)례 요한이라 하고 더러는 엘리야라, 더러
는 옛 선지자 중의 한 사람이 살아났다 하나이다
20 예수께서 이르시되 너희는 나를 누구라 하느냐 베드로가 대답하
여 이르되 하나님의 그리스도시니이다 하니
21 경고하사 이 말을 아무에게도 이르지 말라 명하시고
22 이르시되 인자가 많은 고난을 받고 장로들과 대제사장들과 서기
관들에게 버린 바 되어 죽임을 당하고 제삼일에 살아나야 하리라
하시고
23 또 무리에게 이르시되 아무든지 나를 따라오려거든 자기를 부인
하고 날마다 제 십자가를 지고 나를 따를 것이니라

13

14

15

16

17

베드로의 고백, 죽음과 부활 예고(마 16:13-28; 막 8:27-9:1)

18

19

20

21

22

23

갈릴리 주변 지역으로 물러가심

9장 10절–50절

9장

24 누구든지 제 목숨을 구원하고자 하면 잃을 것이요 누구든지 나를
위하여 제 목숨을 잃으면 구원하리라
25 사람이 만일 온 천하를 얻고도 자기를 잃든지 빼앗기든지 하면 무
엇이 유익하리요
26 누구든지 나와 내 말을 부끄러워하면 인자도 자기와 아버지와 거
룩한 천사들의 영광으로 올 때에 그 사람을 부끄러워하리라
27 내가 참으로 너희에게 이르노니 여기 서 있는 사람 중에 죽기 전
에 하나님의 나라를 볼 자들도 있느니라

영광스러운 모습으로 변화되시다(마 17:1-8; 막 9:2-8)

28 이 말씀을 하신 후 팔 일쯤 되어 예수께서 베드로와 요한과 야고
보를 데리고 기도하시러 산에 올라가사
29 기도하실 때에 용모가 변화되고 그 옷이 희어져 광채가 나더라
30 문득 두 사람이 예수와 함께 말하니 이는 모세와 엘리야라
31 영광중에 나타나서 장차 예수께서 예루살렘에서 별세하실 것을
말할새
32 베드로와 및 함께 있는 자들이 깊이 졸다가 온전히 깨어나 예수의
영광과 및 함께 선 두 사람을 보더니
33 두 사람이 떠날 때에 베드로가 예수께 여짜오되 주여 우리가 여기
있는 것이 좋사오니 우리가 초막 셋을 짓되 하나는 주를 위하여,
하나는 모세를 위하여, 하나는 엘리야를 위하여 하사이다 하되 자
기가 하는 말을 자기도 알지 못하더라

24

25

26

27

영광스러운 모습으로 변화되시다(마 17:1-8; 막 9:2-8)

28

29

30

31

32

33

갈릴리 주변 지역으로 물러가심

9장 10절-50절

9장

34 이 말 할 즈음에 구름이 와서 그들을 덮는지라 구름 속으로 들어
갈 때에 그들이 무서워하더니
35 구름 속에서 소리가 나서 이르되 이는 나의 아들 곧 택함을 받은
자니 너희는 그의 말을 들으라 하고
36 소리가 그치매 오직 예수만 보이더라 제자들이 잠잠하여 그 본 것
을 무엇이든지 그 때에는 아무에게도 이르지 아니하니라

귀신 들린 아이를 낫게 하시다(마 17:14-18; 막 9:14-27)

37 이튿날 산에서 내려오시니 큰 무리가 맞을새
38 무리 중의 한 사람이 소리 질러 이르되 선생님 청컨대 내 아들을
돌보아 주옵소서 이는 내 외아들이니이다
39 귀신이 그를 잡아 갑자기 부르짖게 하고 경련을 일으켜 거품을 흘
리게 하며 몹시 상하게 하고야 겨우 떠나 가나이다
40 당신의 제자들에게 내쫓아 주기를 구하였으나 그들이 능히 못하
더이다
41 예수께서 대답하여 이르시되 믿음이 없고 패역한 세대여 내가 얼
마나 너희와 함께 있으며 너희에게 참으리요 네 아들을 이리로 데
리고 오라 하시니
42 올 때에 귀신이 그를 거꾸러뜨리고 심한 경련을 일으키게 하는지
라 예수께서 더러운 귀신을 꾸짖으시고 아이를 낫게 하사 그 아버
지에게 도로 주시니
43 사람들이 다 하나님의 위엄에 놀라니라

34

35

36

귀신 들린 아이를 낫게 하시다(마 17:14-18; 막 9:14-27)

37

38

39

40

41

42

43

갈릴리 주변 지역으로 물러가심

9장 10절-50절

9장

인자가 사람들의 손에 넘겨지리라(마 17:22-23; 막 9:30-32)

그들이 다 그 행하시는 모든 일을 놀랍게 여길새 예수께서 제자들
에게 이르시되
44 이 말을 너희 귀에 담아 두라 인자가 장차 사람들의 손에 넘겨지
리라 하시되
45 그들이 이 말씀을 알지 못하니 이는 그들로 깨닫지 못하게 숨긴
바 되었음이라 또 그들은 이 말씀을 묻기도 두려워하더라

누가 크냐(마 18:1-5; 막 9:33-37)

46 제자 중에서 누가 크냐 하는 변론이 일어나니
47 예수께서 그 마음에 변론하는 것을 아시고 어린 아이 하나를 데려
다가 자기 곁에 세우시고
48 그들에게 이르시되 누구든지 내 이름으로 이런 어린 아이를 영접
하면 곧 나를 영접함이요 또 누구든지 나를 영접하면 곧 나를 보
내신 이를 영접함이라 너희 모든 사람 중에 가장 작은 그가 큰 자
니라

너희를 위하는 사람(막 9:38-40)

49 요한이 여짜오되 주여 어떤 사람이 주의 이름으로 귀신을 내쫓
는 것을 우리가 보고 우리와 함께 따르지 아니하므로 금하였나
이다
50 예수께서 이르시되 금하지 말라 너희를 반대하지 않는 자는 너희
를 위하는 자니라 하시니라

인자가 사람들의 손에 넘겨지리라(마 17:22-23; 막 9:30-32)

44

45

누가 크냐(마 18:1-5; 막 9:33-37)

46

47

48

너희를 위하는 사람(막 9:38-40)

49

50

유대 지역에서의 활동

9장 51절-13장 21절

9장

사마리아의 마을에서 예수를 받아들이지 않다

51 예수께서 승천하실 기약이 차가매 예루살렘을 향하여 올라가기
로 굳게 결심하시고
52 사자들을 앞서 보내시매 그들이 가서 예수를 위하여 준비하려고
사마리아인의 한 마을에 들어갔더니
53 예수께서 예루살렘을 향하여 가시기 때문에 그들이 받아들이지
아니 하는지라
54 제자 야고보와 요한이 이를 보고 이르되 주여 우리가 불을 명하여
하늘로부터 내려 저들을 멸하라 하기를 원하시나이까
55 예수께서 돌아보시며 꾸짖으시고
56 함께 다른 마을로 가시니라

나를 따르라(마 8:19-22)

57 길 가실 때에 어떤 사람이 여짜오되 어디로 가시든지 나는 따르리
이다
58 예수께서 이르시되 여우도 굴이 있고 공중의 새도 집이 있으되 인
자는 머리 둘 곳이 없도다 하시고
59 또 다른 사람에게 나를 따르라 하시니 그가 이르되 나로 먼저 가
서 내 아버지를 장사하게 허락하옵소서
60 이르시되 죽은 자들로 자기의 죽은 자들을 장사하게 하고 너는 가
서 하나님의 나라를 전파하라 하시고
61 또 다른 사람이 이르되 주여 내가 주를 따르겠나이다마는 나로 먼
저 내 가족을 작별하게 허락하소서

사마리아의 마을에서 예수를 받아들이지 않다

51

52

53

54

55

56

나를 따르라(마 8:19-22)

57

58

59

60

61

유대 지역에서의 활동

9장 51절–13장 21절

9장

62 예수께서 이르시되 손에 쟁기를 잡고 뒤를 돌아보는 자는 하나님
의 나라에 합당하지 아니하니라 하시니라

10장

칠십 인을 세워서 보내시다(마 11:20-24)

1 그 후에 주께서 따로 칠십 인을 세우사 친히 가시려는 각 동네와
각 지역으로 둘씩 앞서 보내시며
2 이르시되 추수할 것은 많되 일꾼이 적으니 그러므로 추수하는 주
인에게 청하여 추수할 일꾼들을 보내 주소서 하라
3 갈지어다 내가 너희를 보냄이 어린 양을 이리 가운데로 보냄과 같
도다
4 전대나 배낭이나 신발을 가지지 말며 길에서 아무에게도 문안하
지 말며
5 어느 집에 들어가든지 먼저 말하되 이 집이 평안할지어다 하라
6 만일 평안을 받을 사람이 거기 있으면 너희의 평안이 그에게 머물
것이요 그렇지 않으면 너희에게로 돌아오리라
7 그 집에 유하며 주는 것을 먹고 마시라 일꾼이 그 삯을 받는 것이
마땅하니라 이 집에서 저 집으로 옮기지 말라
8 어느 동네에 들어가든지 너희를 영접하거든 너희 앞에 차려놓는
것을 먹고
9 거기 있는 병자들을 고치고 또 말하기를 하나님의 나라가 너희에
게 가까이 왔다 하라
10 어느 동네에 들어가든지 너희를 영접하지 아니하거든 그 거리로
나와서 말하되

62

[10장] 칠십 인을 세워서 보내시다(마 11:20-24)

1

2

3

4

5

6

7

8

9

10

누가복음

유대 지역에서의 활동

9장 51절-13장 21절

10장

11 너희 동네에서 우리 발에 묻은 먼지도 너희에게 떨어버리노라 그
러나 하나님의 나라가 가까이 온 줄을 알라 하라
12 내가 너희에게 말하노니 그 날에 소돔이 그 동네보다 견디기 쉬우
리라
13 화 있을진저 고라신아, 화 있을진저 벳새다야, 너희에게 행한 모
든 권능을 두로와 시돈에서 행하였더라면 그들이 벌써 베옷을 입
고 재에 앉아 회개하였으리라
14 심판 때에 두로와 시돈이 너희보다 견디기 쉬우리라
15 가버나움아 네가 하늘에까지 높아지겠느냐 음부에까지 낮아지
리라
16 너희 말을 듣는 자는 곧 내 말을 듣는 것이요 너희를 저버리는 자
는 곧 나를 저버리는 것이요 나를 저버리는 자는 나 보내신 이를
저버리는 것이라 하시니라

칠십 인이 돌아오다

17 칠십 인이 기뻐하며 돌아와 이르되 주여 주의 이름이면 귀신들도
우리에게 항복하더이다
18 예수께서 이르시되 사탄이 하늘로부터 번개 같이 떨어지는 것을
내가 보았노라
19 내가 너희에게 뱀과 전갈을 밟으며 원수의 모든 능력을 제어할 권
능을 주었으니 너희를 해칠 자가 결코 없으리라
20 그러나 귀신들이 너희에게 항복하는 것으로 기뻐하지 말고 너희
이름이 하늘에 기록된 것으로 기뻐하라 하시니라

11

12

13

14

15

16

칠십 인이 돌아오다

17

18

19

20

누가복음

유대 지역에서의 활동

9장 51절-13장 21절

10장

예수의 감사 기도(마 11:25-27; 13:16-17)

21 그 때에 예수께서 성령으로 기뻐하시며 이르시되 천지의 주재이
신 아버지여 이것을 지혜롭고 슬기 있는 자들에게는 숨기시고 어
린 아이들에게는 나타내심을 감사하나이다 옳소이다 이렇게 된
것이 아버지의 뜻이니이다
22 내 아버지께서 모든 것을 내게 주셨으니 아버지 외에는 아들이 누
구인지 아는 자가 없고 아들과 또 아들의 소원대로 계시를 받는
자 외에는 아버지가 누구인지 아는 자가 없나이다 하시고
23 제자들을 돌아 보시며 조용히 이르시되 너희가 보는 것을 보는 눈
은 복이 있도다
24 내가 너희에게 말하노니 많은 선지자와 임금이 너희가 보는 바를
보고자 하였으되 보지 못하였으며 너희가 듣는 바를 듣고자 하였
으되 듣지 못하였느니라

자비를 베푼 사마리아 사람

25 어떤 율법교사가 일어나 예수를 시험하여 이르되 선생님 내가 무
엇을 하여야 영생을 얻으리이까
26 예수께서 이르시되 율법에 무엇이라 기록되었으며 네가 어떻게
읽느냐
27 대답하여 이르되 네 마음을 다하며 목숨을 다하며 힘을 다하며 뜻
을 다하여 주 너의 하나님을 사랑하고 또한 네 이웃을 네 자신 같
이 사랑하라 하였나이다

예수의 감사 기도(마 11:25-27; 13:16-17)

21

22

23

24

자비를 베푼 사마리아 사람

25

26

27

유대 지역에서의 활동

9장 51절–13장 21절

10장

28 예수께서 이르시되 네 대답이 옳도다 이를 행하라 그러면 살리라
하시니
29 그 사람이 자기를 옳게 보이려고 예수께 여짜오되 그러면 내 이웃
이 누구니이까
30 예수께서 대답하여 이르시되 어떤 사람이 예루살렘에서 여리고
로 내려가다가 강도를 만나매 강도들이 그 옷을 벗기고 때려 거의
죽은 것을 버리고 갔더라
31 마침 한 제사장이 그 길로 내려가다가 그를 보고 피하여 지나
가고
32 또 이와 같이 한 레위인도 그 곳에 이르러 그를 보고 피하여 지나
가되
33 어떤 사마리아 사람은 여행하는 중 거기 이르러 그를 보고 불쌍히
여겨
34 가까이 가서 기름과 포도주를 그 상처에 붓고 싸매고 자기 짐승에
태워 주막으로 데리고 가서 돌보아 주니라
35 그 이튿날 그가 주막 주인에게 데나리온 둘을 내어 주며 이르되
이 사람을 돌보아 주라 비용이 더 들면 내가 돌아올 때에 갚으리
라 하였으니
36 네 생각에는 이 세 사람 중에 누가 강도 만난 자의 이웃이 되겠
느냐
37 이르되 자비를 베푼 자니이다 예수께서 이르시되 가서 너도 이와
같이 하라 하시니라

28

29

30

31

32

33

34

35

36

37

누가복음

유대 지역에서의 활동

9장 51절-13장 21절

10장

마르다와 마리아

38 그들이 길 갈 때에 예수께서 한 마을에 들어가시매 마르다라 이름
하는 한 여자가 자기 집으로 영접하더라
39 그에게 마리아라 하는 동생이 있어 주의 발치에 앉아 그의 말씀을
듣더니
40 마르다는 준비하는 일이 많아 마음이 분주한지라 예수께 나아가
이르되 주여 내 동생이 나 혼자 일하게 두는 것을 생각하지 아니
하시나이까 그를 명하사 나를 도와 주라 하소서
41 주께서 대답하여 이르시되 마르다야 마르다야 네가 많은 일로 염
려하고 근심하나
42 몇 가지만 하든지 혹은 한 가지만이라도 족하니라 마리아는 이 좋
은 편을 택하였으니 빼앗기지 아니하리라 하시니라

11장

기도를 가르치시다(마 6:9-15; 7:7-11)

1 예수께서 한 곳에서 기도하시고 마치시매 제자 중 하나가 여짜오
되 주여 요한이 자기 제자들에게 기도를 가르친 것과 같이 우리에
게도 가르쳐 주옵소서
2 예수께서 이르시되 너희는 기도할 때에 이렇게 하라 아버지여 이
름이 거룩히 여김을 받으시오며 나라가 임하시오며
3 우리에게 날마다 일용할 양식을 주시옵고
4 우리가 우리에게 죄 지은 모든 사람을 용서하오니 우리 죄도 사하
여 주시옵고 우리를 시험에 들게 하지 마시옵소서 하라

마르다와 마리아

38

39

40

41

42

[11장] 기도를 가르치시다(마 6:9-15; 7:7-11)

1

2

3

4

유대 지역에서의 활동

9장 51절－13장 21절

11장

5 또 이르시되 너희 중에 누가 벗이 있는데 밤중에 그에게 가서 말
하기를 벗이여 떡 세 덩이를 내게 꾸어 달라
6 내 벗이 여행중에 내게 왔으나 내가 먹일 것이 없노라 하면
7 그가 안에서 대답하여 이르되 나를 괴롭게 하지 말라 문이 이미
닫혔고 아이들이 나와 함께 침실에 누웠으니 일어나 네게 줄 수가
없노라 하겠느냐
8 내가 너희에게 말하노니 비록 벗 됨으로 인하여서는 일어나서 주
지 아니할지라도 그 간청함을 인하여 일어나 그 요구대로 주리라
9 내가 또 너희에게 이르노니 구하라 그러면 너희에게 주실 것이요
찾으라 그러면 찾아낼 것이요 문을 두드리라 그러면 너희에게 열
릴 것이니
10 구하는 이마다 받을 것이요 찾는 이는 찾아낼 것이요 두드리는 이
에게는 열릴 것이니라
11 너희 중에 아버지 된 자로서 누가 아들이 생선을 달라 하는데 생
선 대신에 뱀을 주며
12 알을 달라 하는데 전갈을 주겠느냐
13 너희가 악할지라도 좋은 것을 자식에게 줄 줄 알거든 하물며 너희
하늘 아버지께서 구하는 자에게 성령을 주시지 않겠느냐 하시니라

예수와 바알세불(마 12:22-30, 43-45; 막 3:20-27)

14 예수께서 한 말 못하게 하는 귀신을 쫓아내시니 귀신이 나가매 말
못하는 사람이 말하는지라 무리들이 놀랍게 여겼으나

5

6
7

8

9

10

11

12
13

예수와 바알세불(마 12:22-30, 43-45; 막 3:20-27)
14

유대 지역에서의 활동

9장 51절-13장 21절

11장

15 그 중에 더러는 말하기를 그가 귀신의 왕 바알세불을 힘입어 귀신
을 쫓아낸다 하고
16 또 더러는 예수를 시험하여 하늘로부터 오는 표적을 구하니
17 예수께서 그들의 생각을 아시고 이르시되 스스로 분쟁하는 나라
마다 황폐하여지며 스스로 분쟁하는 집은 무너지느니라
18 너희 말이 내가 바알세불을 힘입어 귀신을 쫓아낸다 하니 만일 사
탄이 스스로 분쟁하면 그의 나라가 어떻게 서겠느냐
19 내가 바알세불을 힘입어 귀신을 쫓아내면 너희 아들들은 누구를
힘입어 쫓아내느냐 그러므로 그들이 너희 재판관이 되리라
20 그러나 내가 만일 하나님의 손을 힘입어 귀신을 쫓아낸다면 하나
님의 나라가 이미 너희에게 임하였느니라
21 강한 자가 무장을 하고 자기 집을 지킬 때에는 그 소유가 안전하되
22 더 강한 자가 와서 그를 굴복시킬 때에는 그가 믿던 무장을 빼앗
고 그의 재물을 나누느니라
23 나와 함께 하지 아니하는 자는 나를 반대하는 자요 나와 함께 모
으지 아니하는 자는 헤치는 자니라
24 더러운 귀신이 사람에게서 나갔을 때에 물 없는 곳으로 다니며 쉬
기를 구하되 얻지 못하고 이에 이르되 내가 나온 내 집으로 돌아
가리라 하고
25 가서 보니 그 집이 청소되고 수리되었거늘
26 이에 가서 저보다 더 악한 귀신 일곱을 데리고 들어가서 거하니
그 사람의 나중 형편이 전보다 더 심하게 되느니라

15

16

17

18

19

20

21

22

23

24

25

26

유대 지역에서의 활동

9장 51절–13장 21절

11장

복이 있는 자

27 이 말씀을 하실 때에 무리 중에서 한 여자가 음성을 높여 이르되
당신을 밴 태와 당신을 먹인 젖이 복이 있나이다 하니
28 예수께서 이르시되 오히려 하나님의 말씀을 듣고 지키는 자가 복
이 있느니라 하시니라

악한 세대가 표적을 구하나(마 12:38-42; 막 8:12)

29 무리가 모였을 때에 예수께서 말씀하시되 이 세대는 악한 세대라
표적을 구하되 요나의 표적 밖에는 보일 표적이 없나니
30 요나가 니느웨 사람들에게 표적이 됨과 같이 인자도 이 세대에 그
러하리라
31 심판 때에 남방 여왕이 일어나 이 세대 사람을 정죄하리니 이는
그가 솔로몬의 지혜로운 말을 들으려고 땅 끝에서 왔음이거니와
솔로몬보다 더 큰 이가 여기 있으며
32 심판 때에 니느웨 사람들이 일어나 이 세대 사람을 정죄하리니 이
는 그들이 요나의 전도를 듣고 회개하였음이거니와 요나보다 더
큰 이가 여기 있느니라

눈은 몸의 등불(마 5:15; 6:22-23)

33 누구든지 등불을 켜서 움 속에나 말 아래에 두지 아니하고 등경
위에 두나니 이는 들어가는 자로 그 빛을 보게 하려 함이라
34 네 몸의 등불은 눈이라 네 눈이 성하면 온 몸이 밝을 것이요 만일
나쁘면 네 몸도 어두우리라

복이 있는 자

27

28

악한 세대가 표적을 구하나(마 12:38-42; 막 8:12)

29

30

31

32

눈은 몸의 등불(마 5:15; 6:22-23)

33

34

유대 지역에서의 활동

9장 51절–13장 21절

11장

35 그러므로 네 속에 있는 빛이 어둡지 아니한가 보라
36 네 온 몸이 밝아 조금도 어두운 데가 없으면 등불의 빛이 너를 비
출 때와 같이 온전히 밝으리라 하시니라

바리새인과 율법교사(마 23:1-36; 막 12:38-40; 눅 20:45-47)

37 예수께서 말씀하실 때에 한 바리새인이 자기와 함께 점심 잡수시
기를 청하므로 들어가 앉으셨더니
38 잡수시기 전에 손 씻지 아니하심을 그 바리새인이 보고 이상히 여
기는지라
39 주께서 이르시되 너희 바리새인은 지금 잔과 대접의 겉은 깨끗이
하나 너희 속에는 탐욕과 악독이 가득하도다
40 어리석은 자들아 겉을 만드신 이가 속도 만들지 아니하셨느냐
41 그러나 그 안에 있는 것으로 구제하라 그리하면 모든 것이 너희에
게 깨끗하리라
42 화 있을진저 너희 바리새인이여 너희가 박하와 운향과 모든 채소
의 십일조는 드리되 공의와 하나님께 대한 사랑은 버리는도다 그
러나 이것도 행하고 저것도 버리지 말아야 할지니라
43 화 있을진저 너희 바리새인이여 너희가 회당의 높은 자리와 시장
에서 문안 받는 것을 기뻐하는도다
44 화 있을진저 너희여 너희는 평토장한 무덤 같아서 그 위를 밟는
사람이 알지 못하느니라
45 한 율법교사가 예수께 대답하여 이르되 선생님 이렇게 말씀하시
니 우리까지 모욕하심이니이다

35

36

바리새인과 율법교사(마 23:1-36; 막 12:38-40; 눅 20:45-47)

37

38

39

40

41

42

43

44

45

유대 지역에서의 활동

9장 51절–13장 21절

11장

46 이르시되 화 있을진저 또 너희 율법교사여 지기 어려운 짐을 사람
에게 지우고 너희는 한 손가락도 이 짐에 대지 않는도다
47 화 있을진저 너희는 선지자들의 무덤을 만드는도다 그들을 죽인
자도 너희 조상들이로다
48 이와 같이 그들은 죽이고 너희는 무덤을 만드니 너희가 너희 조상
의 행한 일에 증인이 되어 옳게 여기는도다
49 그러므로 하나님의 지혜가 일렀으되 내가 선지자와 사도들을 그
들에게 보내리니 그 중에서 더러는 죽이며 또 박해하리라 하였느
니라
50 창세 이후로 흘린 모든 선지자의 피를 이 세대가 담당하되
51 곧 아벨의 피로부터 제단과 성전 사이에서 죽임을 당한 사가랴
의 피까지 하리라 내가 너희에게 이르노니 과연 이 세대가 담당
하리라
52 화 있을진저 너희 율법교사여 너희가 지식의 열쇠를 가져가서 너
희도 들어가지 않고 또 들어가고자 하는 자도 막았느니라 하시니라
53 거기서 나오실 때에 서기관과 바리새인들이 거세게 달려들어 여
러 가지 일을 따져 묻고
54 그 입에서 나오는 말을 책잡고자 하여 노리고 있더라

12장

바리새인들의 외식을 주의하라(마 10:26-33; 12:32; 10:19-20)

1 그 동안에 무리 수만 명이 모여 서로 밟힐 만큼 되었더니 예수께
서 먼저 제자들에게 말씀하여 이르시되 바리새인들의 누룩 곧 외
식을 주의하라

46

47

48

49

50

51

52

53

54

[12장] 바리새인들의 외식을 주의하라(마 10:26-33; 12:32; 10:19-20)

1

유대 지역에서의 활동

9장 51절-13장 21절

12장

2 감추인 것이 드러나지 않을 것이 없고 숨긴 것이 알려지지 않을
것이 없나니
3 이러므로 너희가 어두운 데서 말한 모든 것이 광명한 데서 들리고
너희가 골방에서 귀에 대고 말한 것이 지붕 위에서 전파되리라
4 내가 내 친구 너희에게 말하노니 몸을 죽이고 그 후에는 능히 더
못하는 자들을 두려워하지 말라
5 마땅히 두려워할 자를 내가 너희에게 보이리니 곧 죽인 후에 또한
지옥에 던져 넣는 권세 있는 그를 두려워하라 내가 참으로 너희에
게 이르노니 그를 두려워하라
6 참새 다섯 마리가 두 앗사리온에 팔리는 것이 아니냐 그러나 하나
님 앞에는 그 하나도 잊어버리시는 바 되지 아니하는도다
7 너희에게는 심지어 머리털까지도 다 세신 바 되었나니 두려워하
지 말라 너희는 많은 참새보다 더 귀하니라
8 내가 또한 너희에게 말하노니 누구든지 사람 앞에서 나를 시인하
면 인자도 하나님의 사자들 앞에서 그를 시인할 것이요
9 사람 앞에서 나를 부인하는 자는 하나님의 사자들 앞에서 부인을
당하리라
10 누구든지 말로 인자를 거역하면 사하심을 받으려니와 성령을 모
독하는 자는 사하심을 받지 못하리라
11 사람이 너희를 회당이나 위정자나 권세 있는 자 앞에 끌고 가거든
어떻게 무엇으로 대답하며 무엇으로 말할까 염려하지 말라
12 마땅히 할 말을 성령이 곧 그 때에 너희에게 가르치시리라 하시니라

2

3

4

5

6

7

8

9

10

11

12

유대 지역에서의 활동

9장 51절-13장 21절

12장

한 부자 비유

13 무리 중에 한 사람이 이르되 선생님 내 형을 명하여 유산을 나와
나누게 하소서 하니
14 이르시되 이 사람아 누가 나를 너희의 재판장이나 물건 나누는 자
로 세웠느냐 하시고
15 그들에게 이르시되 삼가 모든 탐심을 물리치라 사람의 생명이 그
소유의 넉넉한 데 있지 아니하니라 하시고
16 또 비유로 그들에게 말하여 이르시되 한 부자가 그 밭에 소출이
풍성하매
17 심중에 생각하여 이르되 내가 곡식 쌓아 둘 곳이 없으니 어찌할
까 하고
18 또 이르되 내가 이렇게 하리라 내 곳간을 헐고 더 크게 짓고 내 모
든 곡식과 물건을 거기 쌓아 두리라
19 또 내가 내 영혼에게 이르되 영혼아 여러 해 쓸 물건을 많이 쌓아
두었으니 평안히 쉬고 먹고 마시고 즐거워하자 하리라 하되
20 하나님은 이르시되 어리석은 자여 오늘 밤에 네 영혼을 도로 찾
으리니 그러면 네 준비한 것이 누구의 것이 되겠느냐 하셨으니
21 자기를 위하여 재물을 쌓아 두고 하나님께 대하여 부요하지 못한
자가 이와 같으니라

목숨과 몸을 위하여 염려하지 말라(마 6:25-34)

22 또 제자들에게 이르시되 그러므로 내가 너희에게 이르노니 너희 목숨
을 위하여 무엇을 먹을까 몸을 위하여 무엇을 입을까 염려하지 말라

한 부자 비유

13

14

15

16

17

18

19

20

21

목숨과 몸을 위하여 염려하지 말라(마 6:25-34)

22

유대 지역에서의 활동

9장 51절–13장 21절

12장

23 목숨이 음식보다 중하고 몸이 의복보다 중하니라
24 까마귀를 생각하라 심지도 아니하고 거두지도 아니하며 골방도
없고 창고도 없으되 하나님이 기르시나니 너희는 새보다 얼마나
더 귀하냐
25 또 너희 중에 누가 염려함으로 그 키를 한 자라도 더할 수 있느냐
26 그런즉 가장 작은 일도 하지 못하면서 어찌 다른 일들을 염려하느냐
27 백합화를 생각하여 보라 실도 만들지 않고 짜지도 아니하느니라
그러나 내가 너희에게 말하노니 솔로몬의 모든 영광으로도 입은
것이 이 꽃 하나만큼 훌륭하지 못하였느니라
28 오늘 있다가 내일 아궁이에 던져지는 들풀도 하나님이 이렇게 입
히시거든 하물며 너희일까보냐 믿음이 작은 자들아
29 너희는 무엇을 먹을까 무엇을 마실까 하여 구하지 말며 근심하지
도 말라
30 이 모든 것은 세상 백성들이 구하는 것이라 너희 아버지께서는 이
런 것이 너희에게 있어야 할 것을 아시느니라
31 다만 너희는 그의 나라를 구하라 그리하면 이런 것들을 너희에게
더하시리라
32 적은 무리여 무서워 말라 너희 아버지께서 그 나라를 너희에게 주
시기를 기뻐하시느니라
33 너희 소유를 팔아 구제하여 낡아지지 아니하는 배낭을 만들라 곧
하늘에 둔 바 다함이 없는 보물이니 거기는 도둑도 가까이 하는
일이 없고 좀도 먹는 일이 없느니라

23

24

25

26

27

28

29

30

31

32

33

유대 지역에서의 활동

9장 51절-13장 21절

12장

34 너희 보물 있는 곳에는 너희 마음도 있으리라

깨어 준비하고 있으라(마 24:45-51)

35 허리에 띠를 띠고 등불을 켜고 서 있으라
36 너희는 마치 그 주인이 혼인 집에서 돌아와 문을 두드리면 곧 열
어 주려고 기다리는 사람과 같이 되라
37 주인이 와서 깨어 있는 것을 보면 그 종들은 복이 있으리로다 내
가 진실로 너희에게 이르노니 주인이 띠를 띠고 그 종들을 자리에
앉히고 나아와 수종들리라
38 주인이 혹 이경에나 혹 삼경에 이르러서도 종들이 그같이 하고 있
는 것을 보면 그 종들은 복이 있으리로다
39 너희도 아는 바니 집 주인이 만일 도둑이 어느 때에 이를 줄 알았
더라면 그 집을 뚫지 못하게 하였으리라
40 그러므로 너희도 준비하고 있으라 생각하지 않은 때에 인자가 오
리라 하시니라
41 베드로가 여짜오되 주께서 이 비유를 우리에게 하심이니이까 모
든 사람에게 하심이니이까
42 주께서 이르시되 지혜 있고 진실한 청지기가 되어 주인에게 그 집
종들을 맡아 때를 따라 양식을 나누어 줄 자가 누구냐
43 주인이 이를 때에 그 종이 그렇게 하는 것을 보면 그 종은 복이 있
으리로다
44 내가 참으로 너희에게 이르노니 주인이 그 모든 소유를 그에게 맡
기리라

34

깨어 준비하고 있으라(마 24:45-51)

35

36

37

38

39

40

41

42

43

44

유대 지역에서의 활동

9장 51절-13장 21절

12장

45 만일 그 종이 마음에 생각하기를 주인이 더디 오리라 하여 남녀
종들을 때리며 먹고 마시고 취하게 되면
46 생각하지 않은 날 알지 못하는 시각에 그 종의 주인이 이르러 엄
히 때리고 신실하지 아니한 자의 받는 벌에 처하리니
47 주인의 뜻을 알고도 준비하지 아니하고 그 뜻대로 행하지 아니한
종은 많이 맞을 것이요
48 알지 못하고 맞을 일을 행한 종은 적게 맞으리라 무릇 많이 받은
자에게는 많이 요구할 것이요 많이 맡은 자에게는 많이 달라 할
것이니라

불을 던지러, 분쟁을 일으키러 왔다(마 10:34-36)

49 내가 불을 땅에 던지러 왔노니 이 불이 이미 붙었으면 내가 무엇
을 원하리요
50 나는 받을 침(세)례가 있으니 그것이 이루어지기까지 나의 답답
함이 어떠하겠느냐
51 내가 세상에 화평을 주려고 온 줄로 아느냐 내가 너희에게 이르노
니 아니라 도리어 분쟁하게 하려 함이로라
52 이 후부터 한 집에 다섯 사람이 있어 분쟁하되 셋이 둘과, 둘이 셋
과 하리니
53 아버지가 아들과, 아들이 아버지와, 어머니가 딸과, 딸이 어머니
와, 시어머니가 며느리와, 며느리가 시어머니와 분쟁하리라 하시
니라

45

46

47

48

불을 던지러, 분쟁을 일으키러 왔다(마 10:34-36)

49

50

51

52

53

유대 지역에서의 활동

9장 51절-13장 21절

12장

시대를 분간하고, 화해하기를 힘쓰라(마 5:25-26; 16:2-3)

54 또 무리에게 이르시되 너희가 구름이 서쪽에서 이는 것을 보면 곧
말하기를 소나기가 오리라 하나니 과연 그러하고
55 남풍이 부는 것을 보면 말하기를 심히 더우리라 하나니 과연 그러
하니라
56 외식하는 자여 너희가 천지의 기상은 분간할 줄 알면서 어찌 이
시대는 분간하지 못하느냐
57 또 어찌하여 옳은 것을 스스로 판단하지 아니하느냐
58 네가 너를 고발하는 자와 함께 법관에게 갈 때에 길에서 화해하기
를 힘쓰라 그가 너를 재판장에게 끌어 가고 재판장이 너를 옥졸에
게 넘겨 주어 옥졸이 옥에 가둘까 염려하라
59 네게 이르노니 한 푼이라도 남김이 없이 갚지 아니하고서는 결코
거기서 나오지 못하리라 하시니라

13장

회개하지 아니하면 망하리라

1 그 때 마침 두어 사람이 와서 빌라도가 어떤 갈릴리 사람들의 피
를 그들의 제물에 섞은 일로 예수께 아뢰니
2 대답하여 이르시되 너희는 이 갈릴리 사람들이 이같이 해 받으므
로 다른 모든 갈릴리 사람보다 죄가 더 있는 줄 아느냐
3 너희에게 이르노니 아니라 너희도 만일 회개하지 아니하면 다 이
와 같이 망하리라
4 또 실로암에서 망대가 무너져 치어 죽은 열여덟 사람이 예루살렘
에 거한 다른 모든 사람보다 죄가 더 있는 줄 아느냐

시대를 분간하고, 화해하기를 힘쓰라(마 5:25-26; 16:2-3)

54

55

56

57

58

59

[13장] 회개하지 아니하면 망하리라

1

2

3

4

유대 지역에서의 활동

9장 51절-13장 21절

13장

5 너희에게 이르노니 아니라 너희도 만일 회개하지 아니하면 다 이
와 같이 망하리라

열매 맺지 못하는 무화과나무 비유

6 이에 비유로 말씀하시되 한 사람이 포도원에 무화과나무를 심은
것이 있더니 와서 그 열매를 구하였으나 얻지 못한지라
7 포도원지기에게 이르되 내가 삼 년을 와서 이 무화과나무에서 열
매를 구하되 얻지 못하니 찍어버리라 어찌 땅만 버리게 하겠느냐
8 대답하여 이르되 주인이여 금년에도 그대로 두소서 내가 두루 파
고 거름을 주리니
9 이 후에 만일 열매가 열면 좋거니와 그렇지 않으면 찍어버리소서
하였다 하시니라

안식일에 꼬부라진 여자를 고치시다

10 예수께서 안식일에 한 회당에서 가르치실 때에
11 열여덟 해 동안이나 귀신 들려 앓으며 꼬부라져 조금도 펴지 못하
는 한 여자가 있더라
12 예수께서 보시고 불러 이르시되 여자여 네가 네 병에서 놓였다 하
시고
13 안수하시니 여자가 곧 펴고 하나님께 영광을 돌리는지라
14 회당장이 예수께서 안식일에 병 고치시는 것을 분 내어 무리에게
이르되 일할 날이 엿새가 있으니 그 동안에 와서 고침을 받을 것
이요 안식일에는 하지 말 것이니라 하거늘

5

열매 맺지 못하는 무화과나무 비유

6

7

8

9

안식일에 꼬부라진 여자를 고치시다

10

11

12

13

14

유대 지역에서의 활동

9장 51절-13장 21절

베레아 지역에서의 활동

13장 22절-19장 27절

13장

15 주께서 대답하여 이르시되 외식하는 자들아 너희가 각각 안식일
에 자기의 소나 나귀를 외양간에서 풀어내어 이끌고 가서 물을 먹
이지 아니하느냐
16 그러면 열여덟 해 동안 사탄에게 매인 바 된 이 아브라함의 딸을
안식일에 이 매임에서 푸는 것이 합당하지 아니하냐
17 예수께서 이 말씀을 하시매 모든 반대하는 자들은 부끄러워하고
온 무리는 그가 하시는 모든 영광스러운 일을 기뻐하니라

겨자씨와 누룩 비유(마 13:31-33; 막 4:30-32)

18 그러므로 예수께서 이르시되 하나님의 나라가 무엇과 같을까 내
가 무엇으로 비교할까
19 마치 사람이 자기 채소밭에 갖다 심은 겨자씨 한 알 같으니 자라
나무가 되어 공중의 새들이 그 가지에 깃들였느니라
20 또 이르시되 내가 하나님의 나라를 무엇으로 비교할까
21 마치 여자가 가루 서 말 속에 갖다 넣어 전부 부풀게 한 누룩과 같
으니라 하셨더라

좁은 문으로 들어가기를 힘쓰라(마 7:13-14, 21-23)

22 예수께서 각 성 각 마을로 다니사 가르치시며 예루살렘으로 여행
하시더니
23 어떤 사람이 여짜오되 주여 구원을 받는 자가 적으니이까 그들에
게 이르시되
24 좁은 문으로 들어가기를 힘쓰라 내가 너희에게 이르노니 들어가
기를 구하여도 못하는 자가 많으리라

15

16

17

겨자씨와 누룩 비유(마 13:31-33; 막 4:30-32)

18

19

20

21

좁은 문으로 들어가기를 힘쓰라(마 7:13-14, 21-23)

22

23

24

베레아 지역에서의 활동

13장 22절-19장 27절

13장

25 집 주인이 일어나 문을 한 번 닫은 후에 너희가 밖에 서서 문을 두
드리며 주여 열어 주소서 하면 그가 대답하여 이르되 나는 너희가
어디에서 온 자인지 알지 못하노라 하리니
26 그 때에 너희가 말하되 우리는 주 앞에서 먹고 마셨으며 주는 또
한 우리의 길거리에서 가르치셨나이다 하나
27 그가 너희에게 말하여 이르되 나는 너희가 어디에서 왔는지 알지
못하노라 행악하는 모든 자들아 나를 떠나 가라 하리라
28 너희가 아브라함과 이삭과 야곱과 모든 선지자는 하나님 나라에
있고 오직 너희는 밖에 쫓겨난 것을 볼 때에 거기서 슬피 울며 이
를 갈리라
29 사람들이 동서남북으로부터 와서 하나님의 나라 잔치에 참여하
리니
30 보라 나중 된 자로서 먼저 될 자도 있고 먼저 된 자로서 나중 될
자도 있느니라 하시더라

선지자들을 죽이는 예루살렘아(마 23:37-39)

31 곧 그 때에 어떤 바리새인들이 나아와서 이르되 나가서 여기를 떠
나소서 헤롯이 당신을 죽이고자 하나이다
32 이르시되 너희는 가서 저 여우에게 이르되 오늘과 내일은 내가
귀신을 쫓아내며 병을 고치다가 제삼일에는 완전하여지리라
하라
33 그러나 오늘과 내일과 모레는 내가 갈 길을 가야 하리니 선지자가
예루살렘 밖에서는 죽는 법이 없느니라

25

26

27

28

29

30

선지자들을 죽이는 예루살렘아(마 23:37-39)

31

32

33

베레아 지역에서의 활동

13장 22절-19장 27절

13장

34 예루살렘아 예루살렘아 선지자들을 죽이고 네게 파송된 자들을
돌로 치는 자여 암탉이 제 새끼를 날개 아래에 모음 같이 내가 너
희의 자녀를 모으려 한 일이 몇 번이냐 그러나 너희가 원하지 아
니하였도다
35 보라 너희 집이 황폐하여 버린 바 되리라 내가 너희에게 이르노니
너희가 주의 이름으로 오시는 이를 찬송하리로다 할 때까지는 나
를 보지 못하리라 하시니라

14장

수종병 든 사람을 고치시다

1 안식일에 예수께서 한 바리새인 지도자의 집에 떡 잡수시러 들어
가시니 그들이 엿보고 있더라
2 주의 앞에 수종병 든 한 사람이 있는지라
3 예수께서 대답하여 율법교사들과 바리새인들에게 이르시되 안식
일에 병 고쳐 주는 것이 합당하냐 아니하냐
4 그들이 잠잠하거늘 예수께서 그 사람을 데려다가 고쳐 보내시고
5 또 그들에게 이르시되 너희 중에 누가 그 아들이나 소가 우물에
빠졌으면 안식일에라도 곧 끌어내지 않겠느냐 하시니
6 그들이 이에 대하여 대답하지 못하니라

끝자리에 앉으라

7 청함을 받은 사람들이 높은 자리 택함을 보시고 그들에게 비유로
말씀하여 이르시되

34

35

[14장] 수종병 든 사람을 고치시다

1

2

3

4

5

6

끝자리에 앉으라

7

베레아 지역에서의 활동

13장 22절–19장 27절

14장

8 네가 누구에게나 혼인 잔치에 청함을 받았을 때에 높은 자리에 앉
지 말라 그렇지 않으면 너보다 더 높은 사람이 청함을 받은 경우에
9 너와 그를 청한 자가 와서 너더러 이 사람에게 자리를 내주라 하
리니 그 때에 네가 부끄러워 끝자리로 가게 되리라
10 청함을 받았을 때에 차라리 가서 끝자리에 앉으라 그러면 너를 청
한 자가 와서 너더러 벗이여 올라 앉으라 하리니 그 때에야 함께
앉은 모든 사람 앞에서 영광이 있으리라
11 무릇 자기를 높이는 자는 낮아지고 자기를 낮추는 자는 높아지
리라
12 또 자기를 청한 자에게 이르시되 네가 점심이나 저녁이나 베풀거
든 벗이나 형제나 친척이나 부한 이웃을 청하지 말라 두렵건대 그
사람들이 너를 도로 청하여 네게 갚음이 될까 하노라
13 잔치를 베풀거든 차라리 가난한 자들과 몸 불편한 자들과 저는 자
들과 맹인들을 청하라
14 그리하면 그들이 갚을 것이 없으므로 네게 복이 되리니 이는 의인
들의 부활시에 네가 갚음을 받겠음이라 하시더라

큰 잔치 비유(마 22:1-10)

15 함께 먹는 사람 중의 하나가 이 말을 듣고 이르되 무릇 하나님의
나라에서 떡을 먹는 자는 복되도다 하니
16 이르시되 어떤 사람이 큰 잔치를 베풀고 많은 사람을 청하였더니
17 잔치할 시각에 그 청하였던 자들에게 종을 보내어 이르되 오소서
모든 것이 준비되었나이다 하매

8

9

10

11

12

13

14

큰 잔치 비유(마 22:1-10)

15

16

17

베레아 지역에서의 활동

13장 22절–19장 27절

14장

18 다 일치하게 사양하여 한 사람은 이르되 나는 밭을 샀으매 아무래
도 나가 보아야 하겠으니 청컨대 나를 양해하도록 하라 하고
19 또 한 사람은 이르되 나는 소 다섯 겨리를 샀으매 시험하러 가니
청컨대 나를 양해하도록 하라 하고
20 또 한 사람은 이르되 나는 장가 들었으니 그러므로 가지 못하겠노
라 하는지라
21 종이 돌아와 주인에게 그대로 고하니 이에 집 주인이 노하여 그
종에게 이르되 빨리 시내의 거리와 골목으로 나가서 가난한 자들
과 몸 불편한 자들과 맹인들과 저는 자들을 데려오라 하니라
22 종이 이르되 주인이여 명하신 대로 하였으되 아직도 자리가 있나
이다
23 주인이 종에게 이르되 길과 산울타리 가로 나가서 사람을 강권하
여 데려다가 내 집을 채우라
24 내가 너희에게 말하노니 전에 청하였던 그 사람들은 하나도 내 잔
치를 맛보지 못하리라 하였다 하시니라

제자가 되는 길(마 5:13; 막 9:50)

25 수많은 무리가 함께 갈새 예수께서 돌이키사 이르시되
26 무릇 내게 오는 자가 자기 부모와 처자와 형제와 자매와 더욱이
자기 목숨까지 미워하지 아니하면 능히 내 제자가 되지 못하고
27 누구든지 자기 십자가를 지고 나를 따르지 않는 자도 능히 내 제
자가 되지 못하리라

18

19

20

21

22

23

24

제자가 되는 길(마 5:13; 막 9:50)

25

26

27

누가복음

베레아 지역에서의 활동

13장 22절-19장 27절

14장

28 너희 중의 누가 망대를 세우고자 할진대 자기의 가진 것이 준공하
기까지에 족할는지 먼저 앉아 그 비용을 계산하지 아니하겠느냐
29 그렇게 아니하여 그 기초만 쌓고 능히 이루지 못하면 보는 자가
다 비웃어
30 이르되 이 사람이 공사를 시작하고 능히 이루지 못하였다 하리라
31 또 어떤 임금이 다른 임금과 싸우러 갈 때에 먼저 앉아 일만 명으
로써 저 이만 명을 거느리고 오는 자를 대적할 수 있을까 헤아리
지 아니하겠느냐
32 만일 못할 터이면 그가 아직 멀리 있을 때에 사신을 보내어 화친
을 청할지니라
33 이와 같이 너희 중의 누구든지 자기의 모든 소유를 버리지 아니하
면 능히 내 제자가 되지 못하리라
34 소금이 좋은 것이나 소금도 만일 그 맛을 잃으면 무엇으로 짜게
하리요
35 땅에도, 거름에도 쓸 데 없어 내버리느니라 들을 귀가 있는 자는
들을지어다 하시니라

15장

잃은 양을 찾은 목자 비유(마 18:12-14)

1 모든 세리와 죄인들이 말씀을 들으러 가까이 나아오니
2 바리새인과 서기관들이 수군거려 이르되 이 사람이 죄인을 영접
하고 음식을 같이 먹는다 하더라
3 예수께서 그들에게 이 비유로 이르시되

28

29

30

31

32

33

34

35

[15장] 잃은 양을 찾은 목자 비유(마 18:12-14)

1

2

3

베레아 지역에서의 활동

13장 22절–19장 27절

15장

4 너희 중에 어떤 사람이 양 백 마리가 있는데 그 중의 하나를 잃으
면 아흔아홉 마리를 들에 두고 그 잃은 것을 찾아내기까지 찾아다
니지 아니하겠느냐
5 또 찾아낸즉 즐거워 어깨에 메고
6 집에 와서 그 벗과 이웃을 불러 모으고 말하되 나와 함께 즐기자
나의 잃은 양을 찾아내었노라 하리라
7 내가 너희에게 이르노니 이와 같이 죄인 한 사람이 회개하면 하늘
에서는 회개할 것 없는 의인 아흔아홉으로 말미암아 기뻐하는 것
보다 더하리라

잃은 드라크마를 찾은 여인 비유

8 어떤 여자가 열 드라크마가 있는데 하나를 잃으면 등불을 켜고 집
을 쓸며 찾아내기까지 부지런히 찾지 아니하겠느냐
9 또 찾아낸즉 벗과 이웃을 불러 모으고 말하되 나와 함께 즐기자
잃은 드라크마를 찾아내었노라 하리라
10 내가 너희에게 이르노니 이와 같이 죄인 한 사람이 회개하면 하나
님의 사자들 앞에 기쁨이 되느니라

잃은 아들을 되찾은 아버지 비유

11 또 이르시되 어떤 사람에게 두 아들이 있는데
12 그 둘째가 아버지에게 말하되 아버지여 재산 중에서 내게 돌아올
분깃을 내게 주소서 하는지라 아버지가 그 살림을 각각 나눠 주었
더니

4

5

6

7

잃은 드라크마를 찾은 여인 비유

8

9

10

잃은 아들을 되찾은 아버지 비유

11

12

베레아 지역에서의 활동

13장 22절-19장 27절

15장

13 그 후 며칠이 안 되어 둘째 아들이 재물을 다 모아 가지고 먼 나라
에 가 거기서 허랑방탕하여 그 재산을 낭비하더니
14 다 없앤 후 그 나라에 크게 흉년이 들어 그가 비로소 궁핍한지라
15 가서 그 나라 백성 중 한 사람에게 붙여 사니 그가 그를 들로 보내
어 돼지를 치게 하였는데
16 그가 돼지 먹는 쥐엄 열매로 배를 채우고자 하되 주는 자가 없는
지라
17 이에 스스로 돌이켜 이르되 내 아버지에게는 양식이 풍족한 품꾼
이 얼마나 많은가 나는 여기서 주려 죽는구나
18 내가 일어나 아버지께 가서 이르기를 아버지 내가 하늘과 아버지
께 죄를 지었사오니
19 지금부터는 아버지의 아들이라 일컬음을 감당하지 못하겠나이다
나를 품꾼의 하나로 보소서 하리라 하고
20 이에 일어나서 아버지께로 돌아가니라 아직도 거리가 먼데 아버
지가 그를 보고 측은히 여겨 달려가 목을 안고 입을 맞추니
21 아들이 이르되 아버지 내가 하늘과 아버지께 죄를 지었사오니
지금부터는 아버지의 아들이라 일컬음을 감당하지 못하겠나이
다 하나
22 아버지는 종들에게 이르되 제일 좋은 옷을 내어다가 입히고 손에
가락지를 끼우고 발에 신을 신기라
23 그리고 살진 송아지를 끌어다가 잡으라 우리가 먹고 즐기자

13

14

15

16

17

18

19

20

21

22

23

베레아 지역에서의 활동

13장 22절-19장 27절

15장

24 이 내 아들은 죽었다가 다시 살아났으며 내가 잃었다가 다시 얻었
노라 하니 그들이 즐거워하더라
25 맏아들은 밭에 있다가 돌아와 집에 가까이 왔을 때에 풍악과 춤추
는 소리를 듣고
26 한 종을 불러 이 무슨 일인가 물은대
27 대답하되 당신의 동생이 돌아왔으매 당신의 아버지가 건강한 그
를 다시 맞아들이게 됨으로 인하여 살진 송아지를 잡았나이다
하니
28 그가 노하여 들어가고자 하지 아니하거늘 아버지가 나와서 권
한대
29 아버지께 대답하여 이르되 내가 여러 해 아버지를 섬겨 명을 어김
이 없거늘 내게는 염소 새끼라도 주어 나와 내 벗으로 즐기게 하
신 일이 없더니
30 아버지의 살림을 창녀들과 함께 삼켜 버린 이 아들이 돌아오매 이
를 위하여 살진 송아지를 잡으셨나이다
31 아버지가 이르되 얘 너는 항상 나와 함께 있으니 내 것이 다 네 것
이로되
32 이 네 동생은 죽었다가 살아났으며 내가 잃었다가 얻었기로 우리
가 즐거워하고 기뻐하는 것이 마땅하다 하니라

16장

옳지 않은 청지기 비유

1 또한 제자들에게 이르시되 어떤 부자에게 청지기가 있는데 그가
주인의 소유를 낭비한다는 말이 그 주인에게 들린지라

24

25

26

27

28

29

30

31

32

[16장] 옳지 않은 청지기 비유

1

베레아 지역에서의 활동

13장 22절-19장 27절

16장

2 주인이 그를 불러 이르되 내가 네게 대하여 들은 이 말이 어찌 됨
이냐 네가 보던 일을 셈하라 청지기 직무를 계속하지 못하리라
하니
3 청지기가 속으로 이르되 주인이 내 직분을 빼앗으니 내가 무엇을
할까 땅을 파자니 힘이 없고 빌어 먹자니 부끄럽구나
4 내가 할 일을 알았도다 이렇게 하면 직분을 빼앗긴 후에 사람들이
나를 자기 집으로 영접하리라 하고
5 주인에게 빚진 자를 일일이 불러다가 먼저 온 자에게 이르되 네가
내 주인에게 얼마나 빚졌느냐
6 말하되 기름 백 말이니이다 이르되 여기 네 증서를 가지고 빨리
앉아 오십이라 쓰라 하고
7 또 다른 이에게 이르되 너는 얼마나 빚졌느냐 이르되 밀 백 석이
니이다 이르되 여기 네 증서를 가지고 팔십이라 쓰라 하였는지라
8 주인이 이 옳지 않은 청지기가 일을 지혜 있게 하였으므로 칭찬하
였으니 이 세대의 아들들이 자기 시대에 있어서는 빛의 아들들보
다 더 지혜로움이니라
9 내가 너희에게 말하노니 불의의 재물로 친구를 사귀라 그리하면
그 재물이 없어질 때에 그들이 너희를 영주할 처소로 영접하리라
10 지극히 작은 것에 충성된 자는 큰 것에도 충성되고 지극히 작은
것에 불의한 자는 큰 것에도 불의하니라
11 너희가 만일 불의한 재물에도 충성하지 아니하면 누가 참된 것으
로 너희에게 맡기겠느냐

2

3

4

5

6

7

8

9

10

11

베레아 지역에서의 활동

13장 22절-19장 27절

16장

12 너희가 만일 남의 것에 충성하지 아니하면 누가 너희의 것을 너희
에게 주겠느냐
13 집 하인이 두 주인을 섬길 수 없나니 혹 이를 미워하고 저를 사랑
하거나 혹 이를 중히 여기고 저를 경히 여길 것임이니라 너희는
하나님과 재물을 겸하여 섬길 수 없느니라

율법과 하나님 나라의 복음

14 바리새인들은 돈을 좋아하는 자들이라 이 모든 것을 듣고 비웃
거늘
15 예수께서 이르시되 너희는 사람 앞에서 스스로 옳다 하는 자들이
나 너희 마음을 하나님께서 아시나니 사람 중에 높임을 받는 그것
은 하나님 앞에 미움을 받는 것이니라
16 율법과 선지자는 요한의 때까지요 그 후부터는 하나님 나라의 복
음이 전파되어 사람마다 그리로 침입하느니라
17 그러나 율법의 한 획이 떨어짐보다 천지가 없어짐이 쉬우리라
18 무릇 자기 아내를 버리고 다른 데 장가 드는 자도 간음함이요 무
릇 버림당한 여자에게 장가드는 자도 간음함이니라

부자와 거지

19 한 부자가 있어 자색 옷과 고운 베옷을 입고 날마다 호화롭게 즐
기더라
20 그런데 나사로라 이름하는 한 거지가 헌데 투성이로 그의 대문 앞
에 버려진 채

12

13

율법과 하나님 나라의 복음

14

15

16

17

18

부자와 거지

19

20

베레아 지역에서의 활동

13장 22절–19장 27절

16장

21 그 부자의 상에서 떨어지는 것으로 배불리려 하매 심지어 개들이
와서 그 헌데를 핥더라
22 이에 그 거지가 죽어 천사들에게 받들려 아브라함의 품에 들어가
고 부자도 죽어 장사되매
23 그가 음부에서 고통중에 눈을 들어 멀리 아브라함과 그의 품에 있
는 나사로를 보고
24 불러 이르되 아버지 아브라함이여 나를 긍휼히 여기사 나사로를
보내어 그 손가락 끝에 물을 찍어 내 혀를 서늘하게 하소서 내가
이 불꽃 가운데서 괴로워하나이다
25 아브라함이 이르되 얘 너는 살았을 때에 좋은 것을 받았고 나사로
는 고난을 받았으니 이것을 기억하라 이제 그는 여기서 위로를 받
고 너는 괴로움을 받느니라
26 그뿐 아니라 너희와 우리 사이에 큰 구렁텅이가 놓여 있어 여기서
너희에게 건너가고자 하되 갈 수 없고 거기서 우리에게 건너올 수
도 없게 하였느니라
27 이르되 그러면 아버지여 구하노니 나사로를 내 아버지의 집에 보
내소서
28 내 형제 다섯이 있으니 그들에게 증언하게 하여 그들로 이 고통
받는 곳에 오지 않게 하소서
29 아브라함이 이르되 그들에게 모세와 선지자들이 있으니 그들에
게 들을지니라

21

22

23

24

25

26

27

28

29

베레아 지역에서의 활동

13장 22절-19장 27절

16장

30 이르되 그렇지 아니하니이다 아버지 아브라함이여 만일 죽은 자
에게서 그들에게 가는 자가 있으면 회개하리이다
31 이르되 모세와 선지자들에게 듣지 아니하면 비록 죽은 자 가운데
서 살아나는 자가 있을지라도 권함을 받지 아니하리라 하였다 하
시니라

17장

용서, 믿음, 종이 할 일(마 18:6-7; 21:22; 막 9:42)

1 예수께서 제자들에게 이르시되 실족하게 하는 것이 없을 수는 없
으나 그렇게 하게 하는 자에게는 화로다
2 그가 이 작은 자 중의 하나를 실족하게 할진대 차라리 연자맷돌이
그 목에 매여 바다에 던져지는 것이 나으리라
3 너희는 스스로 조심하라 만일 네 형제가 죄를 범하거든 경고하고
회개하거든 용서하라
4 만일 하루에 일곱 번이라도 네게 죄를 짓고 일곱 번 네게 돌아와
내가 회개하노라 하거든 너는 용서하라 하시더라
5 사도들이 주께 여짜오되 우리에게 믿음을 더하소서 하니
6 주께서 이르시되 너희에게 겨자씨 한 알만한 믿음이 있었더라면
이 뽕나무더러 뿌리가 뽑혀 바다에 심기어라 하였을 것이요 그것
이 너희에게 순종하였으리라
7 너희 중 누구에게 밭을 갈거나 양을 치거나 하는 종이 있어 밭에
서 돌아오면 그더러 곧 와 앉아서 먹으라 말할 자가 있느냐
8 도리어 그더러 내 먹을 것을 준비하고 띠를 띠고 내가 먹고 마시
는 동안에 수종들고 너는 그 후에 먹고 마시라 하지 않겠느냐

30

31

[17장] 용서, 믿음, 종이 할 일(마 18:6-7; 21:22; 막 9:42)

1

2

3

4

5

6

7

8

베레아 지역에서의 활동

13장 22절–19장 27절

17장

9 명한 대로 하였다고 종에게 감사하겠느냐
10 이와 같이 너희도 명령 받은 것을 다 행한 후에 이르기를 우리는
무익한 종이라 우리가 하여야 할 일을 한 것뿐이라 할지니라

나병환자 열 명이 깨끗함을 받다

11 예수께서 예루살렘으로 가실 때에 사마리아와 갈릴리 사이로 지
나가시다가
12 한 마을에 들어가시니 나병환자 열 명이 예수를 만나 멀리 서서
13 소리를 높여 이르되 예수 선생님이여 우리를 불쌍히 여기소서 하
거늘
14 보시고 이르시되 가서 제사장들에게 너희 몸을 보이라 하셨더니
그들이 가다가 깨끗함을 받은지라
15 그 중의 한 사람이 자기가 나은 것을 보고 큰 소리로 하나님께 영
광을 돌리며 돌아와
16 예수의 발 아래에 엎드리어 감사하니 그는 사마리아 사람이라
17 예수께서 대답하여 이르시되 열 사람이 다 깨끗함을 받지 아니하
였느냐 그 아홉은 어디 있느냐
18 이 이방인 외에는 하나님께 영광을 돌리러 돌아온 자가 없느냐 하
시고
19 그에게 이르시되 일어나 가라 네 믿음이 너를 구원하였느니라 하
시더라

9

10

나병환자 열 명이 깨끗함을 받다

11

12

13

14

15

16

17

18

19

베레아 지역에서의 활동

13장 22절-19장 27절

17장

하나님의 나라는 너희 안에 있다(마 24:23-28, 37-41)

20 바리새인들이 하나님의 나라가 어느 때에 임하나이까 묻거늘 예
수께서 대답하여 이르시되 하나님의 나라는 볼 수 있게 임하는 것
이 아니요
21 또 여기 있다 저기 있다고도 못하리니 하나님의 나라는 너희 안에
있느니라
22 또 제자들에게 이르시되 때가 이르리니 너희가 인자의 날 하루를
보고자 하되 보지 못하리라
23 사람이 너희에게 말하되 보라 저기 있다 보라 여기 있다 하리라
그러나 너희는 가지도 말고 따르지도 말라
24 번개가 하늘 아래 이쪽에서 번쩍이어 하늘 아래 저쪽까지 비침같
이 인자도 자기 날에 그러하리라
25 그러나 그가 먼저 많은 고난을 받으며 이 세대에게 버린 바 되어
야 할지니라
26 노아의 때에 된 것과 같이 인자의 때에도 그러하리라
27 노아가 방주에 들어가던 날까지 사람들이 먹고 마시고 장가 들고
시집 가더니 홍수가 나서 그들을 다 멸망시켰으며
28 또 롯의 때와 같으리니 사람들이 먹고 마시고 사고 팔고 심고 집
을 짓더니
29 롯이 소돔에서 나가던 날에 하늘로부터 불과 유황이 비오듯 하여
그들을 멸망시켰느니라
30 인자가 나타나는 날에도 이러하리라

하나님의 나라는 너희 안에 있다(마 24:23-28, 37-41)

20

21

22

23

24

25

26

27

28

29

30

베레아 지역에서의 활동

13장 22절-19장 27절

17장

31 그 날에 만일 사람이 지붕 위에 있고 그의 세간이 그 집 안에 있으
면 그것을 가지러 내려가지 말 것이요 밭에 있는 자도 그와 같이
뒤로 돌이키지 말 것이니라
32 롯의 처를 기억하라
33 무릇 자기 목숨을 보전하고자 하는 자는 잃을 것이요 잃는 자는
살리리라
34 내가 너희에게 이르노니 그 밤에 둘이 한 자리에 누워 있으매 하
나는 데려감을 얻고 하나는 버려둠을 당할 것이요
35 두 여자가 함께 맷돌을 갈고 있으매 하나는 데려감을 얻고 하나는
버려둠을 당할 것이니라
36 (없음)
37 그들이 대답하여 이르되 주여 어디오니이까 이르시되 주검 있는
곳에는 독수리가 모이느니라 하시니라

18장

과부와 재판장 비유

1 예수께서 그들에게 항상 기도하고 낙심하지 말아야 할 것을 비유
로 말씀하여
2 이르시되 어떤 도시에 하나님을 두려워하지 않고 사람을 무시하
는 한 재판장이 있는데
3 그 도시에 한 과부가 있어 자주 그에게 가서 내 원수에 대한 나의
원한을 풀어 주소서 하되
4 그가 얼마 동안 듣지 아니하다가 후에 속으로 생각하되 내가 하나
님을 두려워하지 않고 사람을 무시하나

31

32

33

34

35

36 (없음)

37

[18장] 과부와 재판장 비유

1

2

3

4

베레아 지역에서의 활동

13장 22절-19장 27절

18장

5 이 과부가 나를 번거롭게 하니 내가 그 원한을 풀어 주리라 그렇
지 않으면 늘 와서 나를 괴롭게 하리라 하였느니라
6 주께서 또 이르시되 불의한 재판장이 말한 것을 들으라
7 하물며 하나님께서 그 밤낮 부르짖는 택하신 자들의 원한을 풀어
주지 아니하시겠느냐 그들에게 오래 참으시겠느냐
8 내가 너희에게 이르노니 속히 그 원한을 풀어 주시리라 그러나 인
자가 올 때에 세상에서 믿음을 보겠느냐 하시니라

바리새인과 세리 비유

9 또 자기를 의롭다고 믿고 다른 사람을 멸시하는 자들에게 이 비유
로 말씀하시되
10 두 사람이 기도하러 성전에 올라가니 하나는 바리새인이요 하나
는 세리라
11 바리새인은 서서 따로 기도하여 이르되 하나님이여 나는 다른 사
람들 곧 토색, 불의, 간음을 하는 자들과 같지 아니하고 이 세리와
도 같지 아니함을 감사하나이다
12 나는 이레에 두 번씩 금식하고 또 소득의 십일조를 드리나이다 하고
13 세리는 멀리 서서 감히 눈을 들어 하늘을 쳐다보지도 못하고 다만
가슴을 치며 이르되 하나님이여 불쌍히 여기소서 나는 죄인이로
소이다 하였느니라
14 내가 너희에게 이르노니 이에 저 바리새인이 아니고 이 사람이 의
롭다 하심을 받고 그의 집으로 내려갔느니라 무릇 자기를 높이는
자는 낮아지고 자기를 낮추는 자는 높아지리라 하시니라

5

6

7

8

바리새인과 세리 비유

9

10

11

12

13

14

베레아 지역에서의 활동

13장 22절-19장 27절

18장

어린 아이들을 금하지 말라(마 19:13-15; 막 10:13-16)

15 사람들이 예수께서 만져 주심을 바라고 자기 어린 아기를 데리고
오매 제자들이 보고 꾸짖거늘
16 예수께서 그 어린 아이들을 불러 가까이 하시고 이르시되 어린 아
이들이 내게 오는 것을 용납하고 금하지 말라 하나님의 나라가 이
런 자의 것이니라
17 내가 진실로 너희에게 이르노니 누구든지 하나님의 나라를 어린
아이와 같이 받아들이지 않는 자는 결단코 거기 들어가지 못하리
라 하시니라

부자 관리(마 19:16-30; 막 10:17-31)

18 어떤 관리가 물어 이르되 선한 선생님이여 내가 무엇을 하여야 영
생을 얻으리이까
19 예수께서 이르시되 네가 어찌하여 나를 선하다 일컫느냐 하나님
한 분 외에는 선한 이가 없느니라
20 네가 계명을 아나니 간음하지 말라, 살인하지 말라, 도둑질하지
말라, 거짓 증언 하지 말라, 네 부모를 공경하라 하였느니라
21 여짜오되 이것은 내가 어려서부터 다 지키었나이다
22 예수께서 이 말을 들으시고 이르시되 네게 아직도 한 가지 부족한
것이 있으니 네게 있는 것을 다 팔아 가난한 자들에게 나눠 주라
그리하면 하늘에서 네게 보화가 있으리라 그리고 와서 나를 따르
라 하시니
23 그 사람이 큰 부자이므로 이 말씀을 듣고 심히 근심하더라

어린 아이들을 금하지 말라(마 19:13-15; 막 10:13-16)

15

16

17

부자 관리(마 19:16-30; 막 10:17-31)

18

19

20

21

22

23

베레아 지역에서의 활동

13장 22절–19장 27절

18장

24 예수께서 그를 보시고 이르시되 재물이 있는 자는 하나님의 나라
에 들어가기가 얼마나 어려운지
25 낙타가 바늘귀로 들어가는 것이 부자가 하나님의 나라에 들어가
는 것보다 쉬우니라 하시니
26 듣는 자들이 이르되 그런즉 누가 구원을 얻을 수 있나이까
27 이르시되 무릇 사람이 할 수 없는 것을 하나님은 하실 수 있느니라
28 베드로가 여짜오되 보옵소서 우리가 우리의 것을 다 버리고 주를
따랐나이다
29 이르시되 내가 진실로 너희에게 이르노니 하나님의 나라를 위하
여 집이나 아내나 형제나 부모나 자녀를 버린 자는
30 현세에 여러 배를 받고 내세에 영생을 받지 못할 자가 없느니라
하시니라

죽음과 부활을 다시 이르시다(마 20:17-19; 막 10:32-34)

31 예수께서 열두 제자를 데리시고 이르시되 보라 우리가 예루살렘
으로 올라가노니 선지자들을 통하여 기록된 모든 것이 인자에게
응하리라
32 인자가 이방인들에게 넘겨져 희롱을 당하고 능욕을 당하고 침 뱉
음을 당하겠으며
33 그들은 채찍질하고 그를 죽일 것이나 그는 삼 일 만에 살아나리라
하시되
34 제자들이 이것을 하나도 깨닫지 못하였으니 그 말씀이 감취었으
므로 그들이 그 이르신 바를 알지 못하였더라

24

25

26

27

28

29

30

죽음과 부활을 다시 이르시다(마 20:17-19; 막 10:32-34)

31

32

33

34

베레아 지역에서의 활동

13장 22절–19장 27절

18장

맹인을 고치시다(마 20:29-34; 막 10:46-52)

35 여리고에 가까이 가셨을 때에 한 맹인이 길 가에 앉아 구걸하다가
36 무리가 지나감을 듣고 이 무슨 일이냐고 물은대
37 그들이 나사렛 예수께서 지나가신다 하니
38 맹인이 외쳐 이르되 다윗의 자손 예수여 나를 불쌍히 여기소서 하
거늘
39 앞서 가는 자들이 그를 꾸짖어 잠잠하라 하되 그가 더욱 크게 소
리 질러 다윗의 자손이여 나를 불쌍히 여기소서 하는지라
40 예수께서 머물러 서서 명하여 데려오라 하셨더니 그가 가까이 오
매 물어 이르시되
41 네게 무엇을 하여 주기를 원하느냐 이르되 주여 보기를 원하나이다
42 예수께서 그에게 이르시되 보라 네 믿음이 너를 구원하였느니라
하시매
43 곧 보게 되어 하나님께 영광을 돌리며 예수를 따르니 백성이 다
이를 보고 하나님을 찬양하니라

19장

예수와 삭개오

1 예수께서 여리고로 들어가 지나가시더라
2 삭개오라 이름하는 자가 있으니 세리장이요 또한 부자라
3 그가 예수께서 어떠한 사람인가 하여 보고자 하되 키가 작고 사람
이 많아 할 수 없어
4 앞으로 달려가서 보기 위하여 돌무화과나무에 올라가니 이는 예
수께서 그리로 지나가시게 됨이러라

맹인을 고치시다(마 20:29-34; 막 10:46-52)

35

36

37

38

39

40

41

42

43

[19장] 예수와 삭개오

1

2

3

4

누가복음

베레아 지역에서의 활동

13장 22절-19장 27절

19장

5 예수께서 그 곳에 이르사 쳐다 보시고 이르시되 삭개오야 속히 내
려오라 내가 오늘 네 집에 유하여야 하겠다 하시니
6 급히 내려와 즐거워하며 영접하거늘
7 뭇 사람이 보고 수군거려 이르되 저가 죄인의 집에 유하러 들어갔
도다 하더라
8 삭개오가 서서 주께 여짜오되 주여 보시옵소서 내 소유의 절반을
가난한 자들에게 주겠사오며 만일 누구의 것을 속여 빼앗은 일이
있으면 네 갑절이나 갚겠나이다
9 예수께서 이르시되 오늘 구원이 이 집에 이르렀으니 이 사람도 아
브라함의 자손임이로다
10 인자가 온 것은 잃어버린 자를 찾아 구원하려 함이니라

은 열 므나 비유(마 25:14-30)

11 그들이 이 말씀을 듣고 있을 때에 비유를 더하여 말씀하시니 이는
자기가 예루살렘에 가까이 오셨고 그들은 하나님의 나라가 당장
에 나타날 줄로 생각함이더라
12 이르시되 어떤 귀인이 왕위를 받아가지고 오려고 먼 나라로 갈 때에
13 그 종 열을 불러 은화 열 므나를 주며 이르되 내가 돌아올 때까지
장사하라 하니라
14 그런데 그 백성이 그를 미워하여 사자를 뒤로 보내어 이르되 우리
는 이 사람이 우리의 왕 됨을 원하지 아니하나이다 하였더라
15 귀인이 왕위를 받아가지고 돌아와서 은화를 준 종들이 각각 어떻
게 장사하였는지를 알고자 하여 그들을 부르니

5

6

7

8

9

10

은 열 므나 비유(마 25:14-30)

11

12

13

14

15

베레아 지역에서의 활동

13장 22절–19장 27절

19장

16 그 첫째가 나아와 이르되 주인이여 당신의 한 므나로 열 므나를
남겼나이다
17 주인이 이르되 잘하였다 착한 종이여 네가 지극히 작은 것에 충성
하였으니 열 고을 권세를 차지하라 하고
18 그 둘째가 와서 이르되 주인이여 당신의 한 므나로 다섯 므나를
만들었나이다
19 주인이 그에게도 이르되 너도 다섯 고을을 차지하라 하고
20 또 한 사람이 와서 이르되 주인이여 보소서 당신의 한 므나가 여
기 있나이다 내가 수건으로 싸 두었었나이다
21 이는 당신이 엄한 사람인 것을 내가 무서워함이라 당신은 두지 않
은 것을 취하고 심지 않은 것을 거두나이다
22 주인이 이르되 악한 종아 내가 네 말로 너를 심판하노니 너는 내
가 두지 않은 것을 취하고 심지 않은 것을 거두는 엄한 사람인 줄
로 알았느냐
23 그러면 어찌하여 내 돈을 은행에 맡기지 아니하였느냐 그리하였
으면 내가 와서 그 이자와 함께 그 돈을 찾았으리라 하고
24 곁에 섰는 자들에게 이르되 그 한 므나를 빼앗아 열 므나 있는 자
에게 주라 하니
25 그들이 이르되 주여 그에게 이미 열 므나가 있나이다
26 주인이 이르되 내가 너희에게 말하노니 무릇 있는 자는 받겠고 없
는 자는 그 있는 것도 빼앗기리라

16

17

18

19

20

21

22

23

24

25

26

베레아 지역에서의 활동

13장 22절-19장 27절

고난과 승리

19장 28절-24장 53절

19장

27 그리고 내가 왕 됨을 원하지 아니하던 저 원수들을 이리로 끌어다
가 내 앞에서 죽이라 하였느니라

예루살렘을 향하여 가시다(마 21:1-11; 막 11:1-11; 요 12:12-19)

28 예수께서 이 말씀을 하시고 예루살렘을 향하여 앞서서 가시더라
29 감람원이라 불리는 산쪽에 있는 벳바게와 베다니에 가까이 가셨
을 때에 제자 중 둘을 보내시며
30 이르시되 너희는 맞은편 마을로 가라 그리로 들어가면 아직 아무도
타 보지 않은 나귀 새끼가 매여 있는 것을 보리니 풀어 끌고 오라
31 만일 누가 너희에게 어찌하여 푸느냐 묻거든 말하기를 주가 쓰시
겠다 하라 하시매
32 보내심을 받은 자들이 가서 그 말씀하신 대로 만난지라
33 나귀 새끼를 풀 때에 그 임자들이 이르되 어찌하여 나귀 새끼를
푸느냐
34 대답하되 주께서 쓰시겠다 하고
35 그것을 예수께로 끌고 와서 자기들의 겉옷을 나귀 새끼 위에 걸쳐
놓고 예수를 태우니
36 가실 때에 그들이 자기의 겉옷을 길에 펴더라
37 이미 감람 산 내리막길에 가까이 오시매 제자의 온 무리가 자기들
이 본 바 모든 능한 일로 인하여 기뻐하며 큰 소리로 하나님을 찬
양하여
38 이르되 찬송하리로다 주의 이름으로 오시는 왕이여 하늘에는 평
화요 가장 높은 곳에는 영광이로다 하니

27

예루살렘을 향하여 가시다(마 21:1-11; 막 11:1-11; 요 12:12-19)

28

29

30

31

32

33

34

35

36

37

38

누가복음

고난과 승리

19장 28절-24장 53절

19장

39 무리 중 어떤 바리새인들이 말하되 선생이여 당신의 제자들을 책
망하소서 하거늘
40 대답하여 이르시되 내가 너희에게 말하노니 만일 이 사람들이 침
묵하면 돌들이 소리 지르리라 하시니라
41 가까이 오사 성을 보시고 우시며
42 이르시되 너도 오늘 평화에 관한 일을 알았더라면 좋을 뻔하였거
니와 지금 네 눈에 숨겨졌도다
43 날이 이를지라 네 원수들이 토둔을 쌓고 너를 둘러 사면으로 가
두고
44 또 너와 및 그 가운데 있는 네 자식들을 땅에 메어치며 돌 하나도
돌 위에 남기지 아니하리니 이는 네가 보살핌 받는 날을 알지 못
함을 인함이니라 하시니라

성전에 들어가신 예수(마 21:12-17; 막 11:15-19; 요 2:13-22)

45 성전에 들어가사 장사하는 자들을 내쫓으시며
46 그들에게 이르시되 기록된 바 내 집은 기도하는 집이 되리라 하였
거늘 너희는 강도의 소굴을 만들었도다 하시니라
47 예수께서 날마다 성전에서 가르치시니 대제사장들과 서기관들과
백성의 지도자들이 그를 죽이려고 꾀하되
48 백성이 다 그에게 귀를 기울여 들으므로 어찌할 방도를 찾지 못하
였더라

39

40

41

42

43

44

성전에 들어가신 예수(마 21:12-17; 막 11:15-19; 요 2:13-22)

45

46

47

48

고난과 승리

19장 28절-24장 53절

20장

예수의 권위를 두고 말하다(마 21:23-27; 막 11:27-33)

1 하루는 예수께서 성전에서 백성을 가르치시며 복음을 전하실새
대제사장들과 서기관들이 장로들과 함께 가까이 와서
2 말하여 이르되 당신이 무슨 권위로 이런 일을 하는지 이 권위를
준 이가 누구인지 우리에게 말하라
3 대답하여 이르시되 나도 한 말을 너희에게 물으리니 내게 말하라
4 요한의 침(세)례가 하늘로부터냐 사람으로부터냐
5 그들이 서로 의논하여 이르되 만일 하늘로부터라 하면 어찌하여
그를 믿지 아니하였느냐 할 것이요
6 만일 사람으로부터라 하면 백성이 요한을 선지자로 인정하니 그
들이 다 우리를 돌로 칠 것이라 하고
7 대답하되 어디로부터인지 알지 못하노라 하니
8 예수께서 이르시되 나도 무슨 권위로 이런 일을 하는지 너희에게
이르지 아니하리라 하시니라

포도원 농부 비유(마 21:33-46; 막 12:1-12)

9 그가 또 이 비유로 백성에게 말씀하시기 시작하시니라 한 사람이
포도원을 만들어 농부들에게 세로 주고 타국에 가서 오래 있다가
10 때가 이르매 포도원 소출 얼마를 바치게 하려고 한 종을 농부들에
게 보내니 농부들이 종을 몹시 때리고 거저 보내었거늘
11 다시 다른 종을 보내니 그도 몹시 때리고 능욕하고 거저 보내었거늘
12 다시 세 번째 종을 보내니 이 종도 상하게 하고 내쫓은지라

[20장] 예수의 권위를 두고 말하다(마 21:23-27; 막 11:27-33)

1

2

3

4

5

6

7

8

포도원 농부 비유(마 21:33-46; 막 12:1-12)

9

10

11

12

고난과 승리

19장 28절–24장 53절

20장

13 포도원 주인이 이르되 어찌할까 내 사랑하는 아들을 보내리니 그
들이 혹 그는 존대하리라 하였더니
14 농부들이 그를 보고 서로 의논하여 이르되 이는 상속자니 죽이고
그 유산을 우리의 것으로 만들자 하고
15 포도원 밖에 내쫓아 죽였느니라 그런즉 포도원 주인이 이 사람들
을 어떻게 하겠느냐
16 와서 그 농부들을 진멸하고 포도원을 다른 사람들에게 주리라 하
시니 사람들이 듣고 이르되 그렇게 되지 말아지이다 하거늘
17 그들을 보시며 이르시되 그러면 기록된 바 건축자들의 버린 돌이
모퉁이의 머릿돌이 되었느니라 함이 어찜이냐
18 무릇 이 돌 위에 떨어지는 자는 깨어지겠고 이 돌이 사람 위에 떨
어지면 그를 가루로 만들어 흩으리라 하시니라

가이사에게 세를 바치는 것(마 22:15-22; 막 12:13-17)

19 서기관들과 대제사장들이 예수의 이 비유는 자기들을 가리켜 말
씀하심인 줄 알고 즉시 잡고자 하되 백성을 두려워하더라
20 이에 그들이 엿보다가 예수를 총독의 다스림과 권세 아래에 넘기
려 하여 정탐들을 보내어 그들로 스스로 의인인 체하며 예수의 말
을 책잡게 하니
21 그들이 물어 이르되 선생님이여 우리가 아노니 당신은 바로 말씀
하시고 가르치시며 사람을 외모로 취하지 아니하시고 오직 진리
로써 하나님의 도를 가르치시나이다

13

14

15

16

17

18

가이사에게 세를 바치는 것(마 22:15-22; 막 12:13-17)

19

20

21

고난과 승리

19장 28절–24장 53절

20장

22 우리가 가이사에게 세를 바치는 것이 옳으니이까 옳지 않으니이
까 하니
23 예수께서 그 간계를 아시고 이르시되
24 데나리온 하나를 내게 보이라 누구의 형상과 글이 여기 있느냐 대
답하되 가이사의 것이니이다
25 이르시되 그런즉 가이사의 것은 가이사에게, 하나님의 것은 하나
님께 바치라 하시니
26 그들이 백성 앞에서 그의 말을 능히 책잡지 못하고 그의 대답을
놀랍게 여겨 침묵하니라

부활 논쟁(마 22:23-33; 막 12:18-27)

27 부활이 없다고 주장하는 사두개인 중 어떤 이들이 와서
28 물어 이르되 선생님이여 모세가 우리에게 써 주기를 만일 어떤 사
람의 형이 아내를 두고 자식이 없이 죽으면 그 동생이 그 아내를
취하여 형을 위하여 상속자를 세울지니라 하였나이다
29 그런데 칠 형제가 있었는데 맏이가 아내를 취하였다가 자식이 없
이 죽고
30 그 둘째와 셋째가 그를 취하고
31 일곱이 다 그와 같이 자식이 없이 죽고
32 그 후에 여자도 죽었나이다
33 일곱이 다 그를 아내로 취하였으니 부활 때에 그 중에 누구의 아
내가 되리이까
34 예수께서 이르시되 이 세상의 자녀들은 장가도 가고 시집도 가되

22

23

24

25

26

부활 논쟁(마 22:23-33; 막 12:18-27)

27

28

29

30

31

32

33

34

고난과 승리

19장 28절–24장 53절

20장

35 저 세상과 및 죽은 자 가운데서 부활함을 얻기에 합당히 여김을
받은 자들은 장가 가고 시집 가는 일이 없으며
36 그들은 다시 죽을 수도 없나니 이는 천사와 동등이요 부활의 자녀
로서 하나님의 자녀임이라
37 죽은 자가 살아난다는 것은 모세도 가시나무 떨기에 관한 글에서
주를 아브라함의 하나님이요 이삭의 하나님이요 야곱의 하나님
이시라 칭하였나니
38 하나님은 죽은 자의 하나님이 아니요 살아 있는 자의 하나님이시
라 하나님에게는 모든 사람이 살았느니라 하시니
39 서기관 중 어떤 이들이 말하되 선생님 잘 말씀하셨나이다 하니
40 그들은 아무 것도 감히 더 물을 수 없음이더라

그리스도와 다윗의 자손(마 22:41-46; 막 12:35-37)

41 예수께서 그들에게 이르시되 사람들이 어찌하여 그리스도를 다
윗의 자손이라 하느냐
42 시편에 다윗이 친히 말하였으되 주께서 내 주께 이르시되
43 내가 네 원수를 네 발등상으로 삼을 때까지 내 우편에 앉았으라
하셨도다 하였느니라
44 그런즉 다윗이 그리스도를 주라 칭하였으니 어찌 그의 자손이 되
겠느냐 하시니라

서기관들을 삼가라(마 23:1-36; 막 12:38-40; 눅 11:37-54)

45 모든 백성이 들을 때에 예수께서 그 제자들에게 이르시되

35

36

37

38

39

40

그리스도와 다윗의 자손(마 22:41-46; 막 12:35-37)

41

42

43

44

서기관들을 삼가라(마 23:1-36; 막 12:38-40; 눅 11:37-54)

45

고난과 승리

19장 28절-24장 53절

20장

46 긴 옷을 입고 다니는 것을 원하며 시장에서 문안 받는 것과 회당
의 높은 자리와 잔치의 윗자리를 좋아하는 서기관들을 삼가라
47 그들은 과부의 가산을 삼키며 외식으로 길게 기도하니 그들이 더
엄중한 심판을 받으리라 하시니라

21장

가난한 과부의 헌금(막 12:41-44)

1 예수께서 눈을 들어 부자들이 헌금함에 헌금 넣는 것을 보시고
2 또 어떤 가난한 과부가 두 렙돈 넣는 것을 보시고
3 이르시되 내가 참으로 너희에게 말하노니 이 가난한 과부가 다른
모든 사람보다 많이 넣었도다
4 저들은 그 풍족한 중에서 헌금을 넣었거니와 이 과부는 그 가난한
중에서 자기가 가지고 있는 생활비 전부를 넣었느니라 하시니라

성전이 무너뜨려질 것을 이르시다(마 24:1-2; 막 13:1-2)

5 어떤 사람들이 성전을 가리켜 그 아름다운 돌과 헌물로 꾸민 것을
말하매 예수께서 이르시되
6 너희 보는 이것들이 날이 이르면 돌 하나도 돌 위에 남지 않고 다
무너뜨려지리라
7 그들이 물어 이르되 선생님이여 그러면 어느 때에 이런 일이 있겠
사오며 이런 일이 일어나려 할 때에 무슨 징조가 있사오리이까
8 이르시되 미혹을 받지 않도록 주의하라 많은 사람이 내 이름으로
와서 이르되 내가 그라 하며 때가 가까이 왔다 하겠으나 그들을
따르지 말라

46

47

[21장] 가난한 과부의 헌금(막 12:41-44)

1

2

3

4

성전이 무너뜨려질 것을 이르시다(마 24:1-2; 막 13:1-2)

5

6

7

8

고난과 승리

19장 28절－24장 53절

21장

9 난리와 소요의 소문을 들을 때에 두려워하지 말라 이 일이 먼저
있어야 하되 끝은 곧 되지 아니하리라

환난의 징조(마 24:3-14; 막 13:3-13)

10 또 이르시되 민족이 민족을, 나라가 나라를 대적하여 일어나겠고
11 곳곳에 큰 지진과 기근과 전염병이 있겠고 또 무서운 일과 하늘로
부터 큰 징조들이 있으리라
12 이 모든 일 전에 내 이름으로 말미암아 너희에게 손을 대어 박해하
며 회당과 옥에 넘겨 주며 임금들과 집권자들 앞에 끌어 가려니와
13 이 일이 도리어 너희에게 증거가 되리라
14 그러므로 너희는 변명할 것을 미리 궁리하지 않도록 명심하라
15 내가 너희의 모든 대적이 능히 대항하거나 변박할 수 없는 구변과
지혜를 너희에게 주리라
16 심지어 부모와 형제와 친척과 벗이 너희를 넘겨 주어 너희 중의
몇을 죽이게 하겠고
17 또 너희가 내 이름으로 말미암아 모든 사람에게 미움을 받을 것
이나
18 너희 머리털 하나도 상하지 아니하리라
19 너희의 인내로 너희 영혼을 얻으리라

예루살렘의 환난과 인자의 오심(마 24:15-21, 29-31; 막 13:14-19, 24-27)

20 너희가 예루살렘이 군대들에게 에워싸이는 것을 보거든 그 멸망
이 가까운 줄을 알라

9

환난의 징조(마 24:3-14; 막 13:3-13)

10

11

12

13

14

15

16

17

18

19

예루살렘의 환난과 인자의 오심(마 24:15-21, 29-31; 막 13:14-19, 24-27)

20

고난과 승리

19장 28절–24장 53절

21장

21 그 때에 유대에 있는 자들은 산으로 도망갈 것이며 성내에 있는
자들은 나갈 것이며 촌에 있는 자들은 그리로 들어가지 말지어다
22 이 날들은 기록된 모든 것을 이루는 징벌의 날이니라
23 그 날에는 아이 밴 자들과 젖먹이는 자들에게 화가 있으리니 이는
땅에 큰 환난과 이 백성에게 진노가 있겠음이로다
24 그들이 칼날에 죽임을 당하며 모든 이방에 사로잡혀 가겠고 예루
살렘은 이방인의 때가 차기까지 이방인들에게 밟히리라
25 일월 성신에는 징조가 있겠고 땅에서는 민족들이 바다와 파도의
성난 소리로 인하여 혼란한 중에 곤고하리라
26 사람들이 세상에 임할 일을 생각하고 무서워하므로 기절하리니
이는 하늘의 권능들이 흔들리겠음이라
27 그 때에 사람들이 인자가 구름을 타고 능력과 큰 영광으로 오는
것을 보리라
28 이런 일이 되기를 시작하거든 일어나 머리를 들라 너희 속량이 가
까웠느니라 하시더라

무화과나무에서 배울 교훈(마 24:32-35; 막 13:28-31)

29 이에 비유로 이르시되 무화과나무와 모든 나무를 보라
30 싹이 나면 너희가 보고 여름이 가까운 줄을 자연히 아나니
31 이와 같이 너희가 이런 일이 일어나는 것을 보거든 하나님의 나라
가 가까이 온 줄을 알라
32 내가 진실로 너희에게 말하노니 이 세대가 지나가기 전에 모든 일
이 다 이루어지리라

21

22
23

24

25

26

27

28

무화과나무에서 배울 교훈(마 24:32-35; 막 13:28-31)
29
30
31

32

고난과 승리

19장 28절–24장 53절

21장

33 천지는 없어지겠으나 내 말은 없어지지 아니하리라

항상 기도하며 깨어 있으라

34 너희는 스스로 조심하라 그렇지 않으면 방탕함과 술취함과 생활
의 염려로 마음이 둔하여지고 뜻밖에 그 날이 덫과 같이 너희에게
임하리라
35 이 날은 온 지구상에 거하는 모든 사람에게 임하리라
36 이러므로 너희는 장차 올 이 모든 일을 능히 피하고 인자 앞에 서
도록 항상 기도하며 깨어 있으라 하시니라
37 예수께서 낮에는 성전에서 가르치시고 밤에는 나가 감람원이라
하는 산에서 쉬시니
38 모든 백성이 그 말씀을 들으려고 이른 아침에 성전에 나아가더라

22장

유다가 배반하다(마 26:1-5, 14-16; 막 14:1-2, 10-11; 요 11:45-53)

1 유월절이라 하는 무교절이 다가오매
2 대제사장들과 서기관들이 예수를 무슨 방도로 죽일까 궁리하니
이는 그들이 백성을 두려워함이더라
3 열둘 중의 하나인 가룟인이라 부르는 유다에게 사탄이 들어가니
4 이에 유다가 대제사장들과 성전 경비대장들에게 가서 예수를 넘
겨 줄 방도를 의논하매
5 그들이 기뻐하여 돈을 주기로 언약하는지라
6 유다가 허락하고 예수를 무리가 없을 때에 넘겨 줄 기회를 찾더라

33

항상 기도하며 깨어 있으라

34

35

36

37

38

[22장] 유다가 배반하다(마 26:1-5, 14-16; 막 14:1-2, 10-11; 요 11:45-53)

1

2

3

4

5

6

고난과 승리

19장 28절-24장 53절

22장

유월절을 준비하다(마 26:17-25; 막 14:12-21; 요 13:21-30)

7 유월절 양을 잡을 무교절날이 이른지라
8 예수께서 베드로와 요한을 보내시며 이르시되 가서 우리를 위하
여 유월절을 준비하여 우리로 먹게 하라
9 여짜오되 어디서 준비하기를 원하시나이까
10 이르시되 보라 너희가 성내로 들어가면 물 한 동이를 가지고 가는
사람을 만나리니 그가 들어가는 집으로 따라 들어가서
11 그 집 주인에게 이르되 선생님이 네게 하는 말씀이 내가 내 제자
들과 함께 유월절을 먹을 객실이 어디 있느냐 하시더라 하라
12 그리하면 그가 자리를 마련한 큰 다락방을 보이리니 거기서 준비
하라 하시니
13 그들이 나가 그 하신 말씀대로 만나 유월절을 준비하니라

마지막 만찬(마 26:26-30; 막 14:22-26; 고전 11:23-25)

14 때가 이르매 예수께서 사도들과 함께 앉으사
15 이르시되 내가 고난을 받기 전에 너희와 함께 이 유월절 먹기를
원하고 원하였노라
16 내가 너희에게 이르노니 이 유월절이 하나님의 나라에서 이루기
까지 다시 먹지 아니하리라 하시고
17 이에 잔을 받으사 감사 기도 하시고 이르시되 이것을 갖다가 너희
끼리 나누라
18 내가 너희에게 이르노니 내가 이제부터 하나님의 나라가 임할 때
까지 포도나무에서 난 것을 다시 마시지 아니하리라 하시고

유월절을 준비하다(마 26:17-25; 막 14:12-21; 요 13:21-30)

7

8

9

10

11

12

13

마지막 만찬(마 26:26-30; 막 14:22-26; 고전 11:23-25)

14

15

16

17

18

고난과 승리

19장 28절–24장 53절

22장

19 또 떡을 가져 감사 기도 하시고 떼어 그들에게 주시며 이르시되
이것은 너희를 위하여 주는 내 몸이라 너희가 이를 행하여 나를
기념하라 하시고
20 저녁 먹은 후에 잔도 그와 같이 하여 이르시되 이 잔은 내 피로 세
우는 새 언약이니 곧 너희를 위하여 붓는 것이라
21 그러나 보라 나를 파는 자의 손이 나와 함께 상 위에 있도다
22 인자는 이미 작정된 대로 가거니와 그를 파는 그 사람에게는 화가
있으리로다 하시니
23 그들이 서로 묻되 우리 중에서 이 일을 행할 자가 누구일까 하더라

베드로가 부인할 것을 이르시다(마 26:31-35; 막 14:27-31; 요 13:36-38)

24 또 그들 사이에 그 중 누가 크냐 하는 다툼이 난지라
25 예수께서 이르시되 이방인의 임금들은 그들을 주관하며 그 집권
자들은 은인이라 칭함을 받으나
26 너희는 그렇지 않을지니 너희 중에 큰 자는 젊은 자와 같고 다스
리는 자는 섬기는 자와 같을지니라
27 앉아서 먹는 자가 크냐 섬기는 자가 크냐 앉아서 먹는 자가 아니
냐 그러나 나는 섬기는 자로 너희 중에 있노라
28 너희는 나의 모든 시험 중에 항상 나와 함께 한 자들인즉
29 내 아버지께서 나라를 내게 맡기신 것 같이 나도 너희에게 맡겨
30 너희로 내 나라에 있어 내 상에서 먹고 마시며 또는 보좌에 앉아
이스라엘 열두 지파를 다스리게 하려 하노라

19

20

21

22

23

베드로가 부인할 것을 이르시다(마 26:31-35; 막 14:27-31; 요 13:36-38)

24

25

26

27

28

29

30

고난과 승리

19장 28절–24장 53절

22장

31 시몬아, 시몬아, 보라 사탄이 너희를 밀 까부르듯 하려고 요구하
였으나
32 그러나 내가 너를 위하여 네 믿음이 떨어지지 않기를 기도하였노
니 너는 돌이킨 후에 네 형제를 굳게 하라
33 그가 말하되 주여 내가 주와 함께 옥에도, 죽는 데에도 가기를 각
오하였나이다
34 이르시되 베드로야 내가 네게 말하노니 오늘 닭 울기 전에 네가
세 번 나를 모른다고 부인하리라 하시니라

전대와 배낭과 검

35 그들에게 이르시되 내가 너희를 전대와 배낭과 신발도 없이 보내
었을 때에 부족한 것이 있더냐 이르되 없었나이다
36 이르시되 이제는 전대 있는 자는 가질 것이요 배낭도 그리하고 검
없는 자는 겉옷을 팔아 살지어다
37 내가 너희에게 말하노니 기록된 바 그는 불법자의 동류로 여김을
받았다 한 말이 내게 이루어져야 하리니 내게 관한 일이 이루어져
감이니라
38 그들이 여짜오되 주여 보소서 여기 검 둘이 있나이다 대답하시되
족하다 하시니라

감람 산에서 기도하시다(마 26:36-46; 막 14:32-42)

39 예수께서 나가사 습관을 따라 감람 산에 가시매 제자들도 따라갔
더니

31

32

33

34

전대와 배낭과 검

35

36

37

38

감람 산에서 기도하시다(마 26:36-46; 막 14:32-42)

39

고난과 승리

19장 28절-24장 53절

22장

40 그 곳에 이르러 그들에게 이르시되 유혹에 빠지지 않게 기도하라
하시고
41 그들을 떠나 돌 던질 만큼 가서 무릎을 꿇고 기도하여
42 이르시되 아버지여 만일 아버지의 뜻이거든 이 잔을 내게서 옮기
시옵소서 그러나 내 원대로 마시옵고 아버지의 원대로 되기를 원
하나이다 하시니
43 천사가 하늘로부터 예수께 나타나 힘을 더하더라
44 예수께서 힘쓰고 애써 더욱 간절히 기도하시니 땀이 땅에 떨어지
는 핏방울 같이 되더라
45 기도 후에 일어나 제자들에게 가서 슬픔으로 인하여 잠든 것을 보
시고
46 이르시되 어찌하여 자느냐 시험에 들지 않게 일어나 기도하라 하
시니라

잡히시다(마 26:47-56; 막 14:43-50; 요 18:3-11)

47 말씀하실 때에 한 무리가 오는데 열둘 중의 하나인 유다라 하는
자가 그들을 앞장서 와서
48 예수께 입을 맞추려고 가까이 하는지라 예수께서 이르시되 유다
야 네가 입맞춤으로 인자를 파느냐 하시니
49 그의 주위 사람들이 그 된 일을 보고 여짜오되 주여 우리가 칼로
치리이까 하고
50 그 중의 한 사람이 대제사장의 종을 쳐 그 오른쪽 귀를 떨어뜨린
지라

40

41

42

43

44

45

46

잡히시다(마 26:47-56; 막 14:43-50; 요 18:3-11)

47

48

49

50

고난과 승리

19장 28절-24장 53절

22장

51 예수께서 일러 이르시되 이것까지 참으라 하시고 그 귀를 만져 낫
게 하시더라
52 예수께서 그 잡으러 온 대제사장들과 성전의 경비대장들과 장로
들에게 이르시되 너희가 강도를 잡는 것 같이 검과 몽치를 가지고
나왔느냐
53 내가 날마다 너희와 함께 성전에 있을 때에 내게 손을 대지 아니
하였도다 그러나 이제는 너희 때요 어둠의 권세로다 하시더라

베드로가 예수를 모른다고 하다(마 26:57-58; 막 14:53-54, 66-72; 요 18:12-18, 25-27)

54 예수를 잡아 끌고 대제사장의 집으로 들어갈새 베드로가 멀찍이
따라가니라
55 사람들이 뜰 가운데 불을 피우고 함께 앉았는지라 베드로도 그 가
운데 앉았더니
56 한 여종이 베드로의 불빛을 향하여 앉은 것을 보고 주목하여 이르
되 이 사람도 그와 함께 있었느니라 하니
57 베드로가 부인하여 이르되 이 여자여 내가 그를 알지 못하노라 하
더라
58 조금 후에 다른 사람이 보고 이르되 너도 그 도당이라 하거늘 베
드로가 이르되 이 사람아 나는 아니로라 하더라
59 한 시간쯤 있다가 또 한 사람이 장담하여 이르되 이는 갈릴리 사
람이니 참으로 그와 함께 있었느니라
60 베드로가 이르되 이 사람아 나는 네가 하는 말을 알지 못하노라고
아직 말하고 있을 때에 닭이 곧 울더라

51

52

53

베드로가 예수를 모른다고 하다(마 26:57-58; 막 14:53-54, 66-72; 요 18:12-18, 25-27)

54

55

56

57

58

59

60

고난과 승리

19장 28절-24장 53절

22장

61 주께서 돌이켜 베드로를 보시니 베드로가 주의 말씀 곧 오늘 닭
울기 전에 네가 세 번 나를 부인하리라 하심이 생각나서
62 밖에 나가서 심히 통곡하니라

예수를 희롱하고 때리다(마 26:67-68; 막 14:65)

63 지키는 사람들이 예수를 희롱하고 때리며
64 그의 눈을 가리고 물어 이르되 선지자 노릇 하라 너를 친 자가
누구냐 하고
65 이 외에도 많은 말로 욕하더라

공회 앞에 서시다(마 26:59-66; 막 14:55-64; 요 18:19-24)

66 날이 새매 백성의 장로들 곧 대제사장들과 서기관들이 모여서
예수를 그 공회로 끌어들여
67 이르되 네가 그리스도이거든 우리에게 말하라 대답하시되 내가
말할지라도 너희가 믿지 아니할 것이요
68 내가 물어도 너희가 대답하지 아니할 것이니라
69 그러나 이제부터는 인자가 하나님의 권능의 우편에 앉아 있으리
라 하시니
70 다 이르되 그러면 네가 하나님의 아들이냐 대답하시되 너희들이
내가 그라고 말하고 있느니라
71 그들이 이르되 어찌 더 증거를 요구하리요 우리가 친히 그 입에서
들었노라 하더라

61

62

예수를 희롱하고 때리다(마 26:67-68; 막 14:65)

63

64

65

공회 앞에 서시다(마 26:59-66; 막 14:55-64; 요 18:19-24)

66

67

68

69

70

71

누가복음

고난과 승리

19장 28절-24장 53절

23장

빌라도가 예수께 묻다(마 27:1-2, 11-14; 막 15:1-5; 요 18:28-38)

1 무리가 다 일어나 예수를 빌라도에게 끌고 가서
2 고발하여 이르되 우리가 이 사람을 보매 우리 백성을 미혹하고 가
이사에게 세금 바치는 것을 금하며 자칭 왕 그리스도라 하더이다
하니
3 빌라도가 예수께 물어 이르되 네가 유대인의 왕이냐 대답하여 이
르시되 네 말이 옳도다
4 빌라도가 대제사장들과 무리에게 이르되 내가 보니 이 사람에게
죄가 없도다 하니
5 무리가 더욱 강하게 말하되 그가 온 유대에서 가르치고 갈릴리에
서부터 시작하여 여기까지 와서 백성을 소동하게 하나이다
6 빌라도가 듣고 그가 갈릴리 사람이냐 물어
7 헤롯의 관할에 속한 줄을 알고 헤롯에게 보내니 그 때에 헤롯이
예루살렘에 있더라

헤롯 앞에 서시다

8 헤롯이 예수를 보고 매우 기뻐하니 이는 그의 소문을 들었으므로
보고자 한 지 오래였고 또한 무엇이나 이적 행하심을 볼까 바랐던
연고러라
9 여러 말로 물으나 아무 말도 대답하지 아니하시니
10 대제사장들과 서기관들이 서서 힘써 고발하더라
11 헤롯이 그 군인들과 함께 예수를 업신여기며 희롱하고 빛난 옷을
입혀 빌라도에게 도로 보내니

[23장] 빌라도가 예수께 묻다(마 27:1-2, 11-14; 막 15:1-5; 요 18:28-38)

1

2

3

4

5

6

7

헤롯 앞에 서시다

8

9

10

11

고난과 승리

19장 28절–24장 53절

23장

12 헤롯과 빌라도가 전에는 원수였으나 당일에 서로 친구가 되니라

십자가에 못 박히게 예수를 넘기다(마 27:15-26; 막 15:6-15; 요 18:39-19:16)

13 빌라도가 대제사장들과 관리들과 백성을 불러 모으고
14 이르되 너희가 이 사람이 백성을 미혹하는 자라 하여 내게 끌고
왔도다 보라 내가 너희 앞에서 심문하였으되 너희가 고발하는
일에 대하여 이 사람에게서 죄를 찾지 못하였고
15 헤롯이 또한 그렇게 하여 그를 우리에게 도로 보내었도다 보라
그가 행한 일에는 죽일 일이 없느니라
16 그러므로 때려서 놓겠노라
17 (없음)
18 무리가 일제히 소리 질러 이르되 이 사람을 없이하고 바라바를 우
리에게 놓아 주소서 하니
19 이 바라바는 성중에서 일어난 민란과 살인으로 말미암아 옥에
갇힌 자러라
20 빌라도는 예수를 놓고자 하여 다시 그들에게 말하되
21 그들은 소리 질러 이르되 그를 십자가에 못 박게 하소서 십자가에
못 박게 하소서 하는지라
22 빌라도가 세 번째 말하되 이 사람이 무슨 악한 일을 하였느냐 나
는 그에게서 죽일 죄를 찾지 못하였나니 때려서 놓으리라 하니
23 그들이 큰 소리로 재촉하여 십자가에 못 박기를 구하니 그들의
소리가 이긴지라
24 이에 빌라도가 그들이 구하는 대로 하기를 언도하고

12

십자가에 못 박히게 예수를 넘기다(마 27:15-26; 막 15:6-15; 요 18:39-19:16)

13

14

15

16

17 (없음)

18

19

20

21

22

23

24

고난과 승리

19장 28절-24장 53절

23장

25 그들이 요구하는 자 곧 민란과 살인으로 말미암아 옥에 갇힌 자를
놓아 주고 예수는 넘겨 주어 그들의 뜻대로 하게 하니라

십자가에 못 박히시다(마 27:32-44; 막 15:21-32; 요 19:17-27)

26 그들이 예수를 끌고 갈 때에 시몬이라는 구레네 사람이 시골에서
오는 것을 붙들어 그에게 십자가를 지워 예수를 따르게 하더라
27 또 백성과 및 그를 위하여 가슴을 치며 슬피 우는 여자의 큰 무리
가 따라오는지라
28 예수께서 돌이켜 그들을 향하여 이르시되 예루살렘의 딸들아 나
를 위하여 울지 말고 너희와 너희 자녀를 위하여 울라
29 보라 날이 이르면 사람이 말하기를 잉태하지 못하는 이와 해산하
지 못한 배와 먹이지 못한 젖이 복이 있다 하리라
30 그 때에 사람이 산들을 대하여 우리 위에 무너지라 하며 작은
산들을 대하여 우리를 덮으라 하리라
31 푸른 나무에도 이같이 하거든 마른 나무에는 어떻게 되리요 하시
니라
32 또 다른 두 행악자도 사형을 받게 되어 예수와 함께 끌려 가니라
33 해골이라 하는 곳에 이르러 거기서 예수를 십자가에 못 박고 두
행악자도 그렇게 하니 하나는 우편에, 하나는 좌편에 있더라
34 이에 예수께서 이르시되 아버지 저들을 사하여 주옵소서 자기들
이 하는 것을 알지 못함이니이다 하시더라 그들이 그의 옷을 나눠
제비 뽑을새

25

십자가에 못 박히시다(마 27:32-44; 막 15:21-32; 요 19:17-27)

26

27

28

29

30

31

32

33

34

고난과 승리

19장 28절-24장 53절

23장

35 백성은 서서 구경하는데 관리들은 비웃어 이르되 저가 남을 구원
하였으니 만일 하나님이 택하신 자 그리스도이면 자신도 구원할
지어다 하고
36 군인들도 희롱하면서 나아와 신 포도주를 주며
37 이르되 네가 만일 유대인의 왕이면 네가 너를 구원하라 하더라
38 그의 위에 이는 유대인의 왕이라 쓴 패가 있더라
39 달린 행악자 중 하나는 비방하여 이르되 네가 그리스도가 아니냐
너와 우리를 구원하라 하되
40 하나는 그 사람을 꾸짖어 이르되 네가 동일한 정죄를 받고서도 하
나님을 두려워하지 아니하느냐
41 우리는 우리가 행한 일에 상당한 보응을 받는 것이니 이에 당연하
거니와 이 사람이 행한 것은 옳지 않은 것이 없느니라 하고
42 이르되 예수여 당신의 나라에 임하실 때에 나를 기억하소서 하니
43 예수께서 이르시되 내가 진실로 네게 이르노니 오늘 네가 나와
함께 낙원에 있으리라 하시니라

숨지시다(마 27:45-56; 막 15:33-41; 요 19:28-30)

44 때가 제육시쯤 되어 해가 빛을 잃고 온 땅에 어둠이 임하여 제구
시까지 계속하며
45 성소의 휘장이 한가운데가 찢어지더라
46 예수께서 큰 소리로 불러 이르시되 아버지 내 영혼을 아버지 손에
부탁하나이다 하고 이 말씀을 하신 후 숨지시니라

35

36

37

38

39

40

41

42

43

숨지시다(마 27:45-56; 막 15:33-41; 요 19:28-30)

44

45

46

고난과 승리

19장 28절–24장 53절

23장

47 백부장이 그 된 일을 보고 하나님께 영광을 돌려 이르되 이 사람
은 정녕 의인이었도다 하고
48 이를 구경하러 모인 무리도 그 된 일을 보고 다 가슴을 치며 돌아
가고
49 예수를 아는 자들과 갈릴리로부터 따라온 여자들도 다 멀리 서서
이 일을 보니라

요셉이 예수의 시체를 무덤에 넣어 두다(마 27:57-61; 막 15:42-47; 요 19:38-42)

50 공회 의원으로 선하고 의로운 요셉이라 하는 사람이 있으니
51 (그들의 결의와 행사에 찬성하지 아니한 자라) 그는 유대인의
동네 아리마대 사람이요 하나님의 나라를 기다리는 자라
52 그가 빌라도에게 가서 예수의 시체를 달라 하여
53 이를 내려 세마포로 싸고 아직 사람을 장사한 일이 없는 바위에
판 무덤에 넣어 두니
54 이 날은 준비일이요 안식일이 거의 되었더라
55 갈릴리에서 예수와 함께 온 여자들이 뒤를 따라 그 무덤과 그의
시체를 어떻게 두었는지를 보고
56 돌아가 향품과 향유를 준비하더라

살아나시다(마 28:1-10; 막 16:1-8; 요 20:1-10)

계명을 따라 안식일에 쉬더라

47

48

49

요셉이 예수의 시체를 무덤에 넣어 두다(마 27:57-61; 막 15:42-47; 요 19:38-42)

50

51

52

53

54

55

56

살아나시다(마 28:1-10; 막 16:1-8; 요 20:1-10)

[기도와 묵상]

고난과 승리

19장 28절-24장 53절

24장

1 안식 후 첫날 새벽에 이 여자들이 그 준비한 향품을 가지고 무덤
에 가서
2 돌이 무덤에서 굴려 옮겨진 것을 보고
3 들어가니 주 예수의 시체가 보이지 아니하더라
4 이로 인하여 근심할 때에 문득 찬란한 옷을 입은 두 사람이 곁에
섰는지라
5 여자들이 두려워 얼굴을 땅에 대니 두 사람이 이르되 어찌하여 살
아 있는 자를 죽은 자 가운데서 찾느냐
6 여기 계시지 않고 살아나셨느니라 갈릴리에 계실 때에 너희에게
어떻게 말씀하셨는지를 기억하라
7 이르시기를 인자가 죄인의 손에 넘겨져 십자가에 못 박히고 제삼
일에 다시 살아나야 하리라 하셨느니라 한대
8 그들이 예수의 말씀을 기억하고
9 무덤에서 돌아가 이 모든 것을 열한 사도와 다른 모든 이에게 알
리니
10 (이 여자들은 막달라 마리아와 요안나와 야고보의 모친 마리아
라 또 그들과 함께 한 다른 여자들도 이것을 사도들에게 알리
니라)
11 사도들은 그들의 말이 허탄한 듯이 들려 믿지 아니하나
12 베드로는 일어나 무덤에 달려가서 구부려 들여다 보니 세마포만
보이는지라 그 된 일을 놀랍게 여기며 집으로 돌아가니라

[24장]

1

2

3

4

5

6

7

8

9

10

11

12

24장

엠마오 길에서 제자들에게 나타나시다(막 16:12-13)

13 그 날에 그들 중 둘이 예루살렘에서 이십오 리 되는 엠마오라 하
는 마을로 가면서
14 이 모든 된 일을 서로 이야기하더라
15 그들이 서로 이야기하며 문의할 때에 예수께서 가까이 이르러 그
들과 동행하시나
16 그들의 눈이 가리어져서 그인 줄 알아보지 못하거늘
17 예수께서 이르시되 너희가 길 가면서 서로 주고받고 하는 이야기
가 무엇이냐 하시니 두 사람이 슬픈 빛을 띠고 머물러 서더라
18 그 한 사람인 글로바라 하는 자가 대답하여 이르되 당신이 예
루살렘에 체류하면서도 요즘 거기서 된 일을 혼자만 알지 못하
느냐
19 이르시되 무슨 일이냐 이르되 나사렛 예수의 일이니 그는 하나님
과 모든 백성 앞에서 말과 일에 능하신 선지자이거늘
20 우리 대제사장들과 관리들이 사형 판결에 넘겨 주어 십자가에 못
박았느니라
21 우리는 이 사람이 이스라엘을 속량할 자라고 바랐노라 이뿐 아니
라 이 일이 일어난 지가 사흘째요
22 또한 우리 중에 어떤 여자들이 우리로 놀라게 하였으니 이는 그들
이 새벽에 무덤에 갔다가
23 그의 시체는 보지 못하고 와서 그가 살아나셨다 하는 천사들의 나
타남을 보았다 함이라

엠마오 길에서 제자들에게 나타나시다(막 16:12-13)

13

14

15

16

17

18

19

20

21

22

23

고난과 승리

19장 28절-24장 53절

24장

24 또 우리와 함께 한 자 중에 두어 사람이 무덤에 가 과연 여자들이
말한 바와 같음을 보았으나 예수는 보지 못하였느니라 하거늘
25 이르시되 미련하고 선지자들이 말한 모든 것을 마음에 더디 믿는
자들이여
26 그리스도가 이런 고난을 받고 자기의 영광에 들어가야 할 것이 아
니냐 하시고
27 이에 모세와 모든 선지자의 글로 시작하여 모든 성경에 쓴 바 자
기에 관한 것을 자세히 설명하시니라
28 그들이 가는 마을에 가까이 가매 예수는 더 가려 하는 것 같이 하
시니
29 그들이 강권하여 이르되 우리와 함께 유하사이다 때가 저물어가
고 날이 이미 기울었나이다 하니 이에 그들과 함께 유하러 들어가
시니라
30 그들과 함께 음식 잡수실 때에 떡을 가지사 축사하시고 떼어 그들
에게 주시니
31 그들의 눈이 밝아져 그인 줄 알아 보더니 예수는 그들에게 보이지
아니하시는지라
32 그들이 서로 말하되 길에서 우리에게 말씀하시고 우리에게 성경
을 풀어 주실 때에 우리 속에서 마음이 뜨겁지 아니하더냐 하고
33 곧 그 때로 일어나 예루살렘에 돌아가 보니 열한 제자 및 그들과
함께 한 자들이 모여 있어
34 말하기를 주께서 과연 살아나시고 시몬에게 보이셨다 하는지라

24

25

26

27

28

29

30

31

32

33

34

고난과 승리

19장 28절-24장 53절

24장

35 두 사람도 길에서 된 일과 예수께서 떡을 떼심으로 자기들에게 알
려지신 것을 말하더라

열한 제자에게 나타나시다(마 28:16-20; 막 16:14-18; 요 20:19-23; 행 1:6-8)

36 이 말을 할 때에 예수께서 친히 그들 가운데 서서 이르시되 너희
에게 평강이 있을지어다 하시니
37 그들이 놀라고 무서워하여 그 보는 것을 영으로 생각하는지라
38 예수께서 이르시되 어찌하여 두려워하며 어찌하여 마음에 의심
이 일어나느냐
39 내 손과 발을 보고 나인 줄 알라 또 나를 만져 보라 영은 살과 뼈
가 없으되 너희 보는 바와 같이 나는 있느니라
40 이 말씀을 하시고 손과 발을 보이시나
41 그들이 너무 기쁘므로 아직도 믿지 못하고 놀랍게 여길 때에 이르
시되 여기 무슨 먹을 것이 있느냐 하시니
42 이에 구운 생선 한 토막을 드리니
43 받으사 그 앞에서 잡수시더라
44 또 이르시되 내가 너희와 함께 있을 때에 너희에게 말한 바 곧 모
세의 율법과 선지자의 글과 시편에 나를 가리켜 기록된 모든 것이
이루어져야 하리라 한 말이 이것이라 하시고
45 이에 그들의 마음을 열어 성경을 깨닫게 하시고
46 또 이르시되 이같이 그리스도가 고난을 받고 제삼일에 죽은 자 가
운데서 살아날 것과

35

열한 제자에게 나타나시다(마 28:16-20; 막 16:14-18; 요 20:19-23; 행 1:6-8)

36

37

38

39

40

41

42

43

44

45

46

고난과 승리

19장 28절-24장 53절

24장

47 또 그의 이름으로 죄 사함을 받게 하는 회개가 예루살렘에서 시작
하여 모든 족속에게 전파될 것이 기록되었으니
48 너희는 이 모든 일의 증인이라
49 볼지어다 내가 내 아버지께서 약속하신 것을 너희에게 보내리니
너희는 위로부터 능력으로 입혀질 때까지 이 성에 머물라 하시
니라

하늘로 올려지시다(막 16:19-20; 행 1:9-11)

50 예수께서 그들을 데리고 베다니 앞까지 나가사 손을 들어 그들에
게 축복하시더니
51 축복하실 때에 그들을 떠나 [하늘로 올려지시니]
52 그들이 [그에게 경배하고] 큰 기쁨으로 예루살렘에 돌아가
53 늘 성전에서 하나님을 찬송하니라

47

48

49

하늘로 올려지시다(막 16:19-20; 행 1:9-11)

50

51

52

53

[기도와 묵상]

손끝에서 피어나는 종이자
인자(人子)이신 그리스도 이야기

마가복음 누가복음

따라쓰기

Hand Copying Scripture

초판 1쇄 발행 2021년 6월 23일

발행인 이요섭
기획, 편집 출판사역팀
디자인 새한기획
제작 이인애
영업 김승훈, 정준용, 이대성

펴낸곳 요단출판사
등록 1973.8.23. 제13-10호
주소 07238) 서울특별시 영등포구 국회대로 76길 10
기획 (02)2643-9155
구입 (02)2643-7290, Fax (02)2643-1877

값 15,000원
ISBN 978-89-350-1904-5 03230

오직 이것을 기록함은 너희로 예수께서 하나님의 아들 그리스도이심을 믿게 하려 함이요

또 너희로 믿고 그 이름을 힘입어 생명을 얻게 하려 함이니라

(요 20:31)

ΙΧΘΥΣ

십계명

The Ten Commandments

하나님이 이 모든 말씀으로 말씀하여 이르시되
나는 너를 애굽 땅, 종 되었던 집에서 인도하여 낸 네 하나님 여호와니라

제일은, **너는 나 외에는 다른 신들을 네게 두지 말라**

제이는, **너를 위하여 새긴 우상을 만들지 말고 또 위로 하늘에 있는 것이나 아래로 땅에 있는 것이나 땅 아래 물 속에 있는 것의 어떤 형상도 만들지 말며 그것들에게 절하지 말며 그것들을 섬기지 말라**
나 네 하나님 여호와는 질투하는 하나님인즉 나를 미워하는 자의 죄를 갚되 아버지로부터 아들에게로 삼사 대까지 이르게 하거니와 나를 사랑하고 내 계명을 지키는 자에게는 천 대까지 은혜를 베푸느니라

제삼은, **너는 네 하나님 여호와의 이름을 망령되게 부르지 말라**
여호와는 그의 이름을 망령되게 부르는 자를 죄 없다 하지 아니하리라

제사는, **안식일을 기억하여 거룩하게 지키라**
엿새 동안은 힘써 네 모든 일을 행할 것이나 일곱째 날은 네 하나님 여호와의 안식일인즉 너나 네 아들이나 네 딸이나 네 남종이나 네 여종이나 네 가축이나 네 문안에 머무는 객이라도 아무 일도 하지 말라 이는 엿새 동안에 나 여호와가 하늘과 땅과 바다와 그 가운데 모든 것을 만들고 일곱째 날에 쉬었음이라 그러므로 나 여호와가 안식일을 복되게 하여 그 날을 거룩하게 하였느니라